昭和・平成を駆け抜けた 想い出の 客車急行

山田 亮

ED75が牽引する下り急行「十和田2号」、座席車中心の輸送力列車で後方にB寝台スハネ16、A寝台オロネ10、グリーン車スロ62を連結。季節および臨時急行が12系、14系化されたにもかかわらず、この十和田2号は旧型客車のままで見劣りしたが、1977年10月から20系寝台車（座席車ナハ21連結）となった。
◎東北本線　浅虫〜野内　1976（昭和51）年5月3日　撮影：太田正行

.....Contents

1985（昭和60）年3月から客車急行となったDD51牽引、14系客車の上り急行
「宗谷」。客車化に伴いスピードダウンした。
◎函館本線　豊幌～江別　1986（昭和61）年6月11日　撮影：森嶋孝司（RGG）

巻頭言

客車急行こそ鉄道の主役

　機関車が牽く列車には風格がある。それは先頭の機関車に動力が集中し、電車やディーゼル車にはない「力強さ」があるからだ。機関車牽引の列車こそ鉄道の主役と考える鉄道ファンは今でも少なくない。今日JR旅客各社において、定期列車は新幹線、在来線ともに電車、ディーゼル車だけで、客車列車として残るのは動態保存SL列車、JR東日本「カシオペア」JR九州「ななつ星」など特殊な列車だけとなった。機関車牽引を守り続けるのはJR貨物だけだが、近年貨物列車がファンの人気を呼んでいる。長大コンテナ列車を牽く機関車の力強さに心惹かれるからだろう。

　機関車牽引客車列車は蒸気機関車の時代はもちろん、電気機関車、ディーゼル機関車の時代になっても鉄道の中心的存在で、特に機関車を先頭に普通車、グリーン車、寝台車、食堂車、荷物車、郵便車と各種車両を連ねた長距離の客車急行列車は列車らしい風格があふれていた。この客車急行は鉄道が交通機関の中心だった時代に東京、大阪と全国各地を結び、旅客だけでなく郵便物や新聞、荷物も迅速に各地に運び、人々の交流、情報伝達にも大きな役割を果たしていた。

思い出の客車急行の旅

　本書では1939(昭和14)年11月、1962(昭和37)年6月、1969(昭和44)年7月、1975(昭和50)年3月時点の客車急行列車を「別表1〜4」にまとめた。それぞれ戦前の全盛時代、戦後の全盛時代、急行から特急へ主役が移った時代、東京〜博多間に新幹線が開通した時代の記録である。東京〜鹿児島間一昼夜24時間以上、上野〜青森間13〜14時間、今から振り返ると気の遠くなる長さである。あわせて、筆者が体験した半世紀前の客車急行乗車記も収録した。向い合せ座席、タバコの煙が充満し車内のニス塗りの匂いが混じった車内を思い出す方もおられよう。当時は「旅は道連れ、世は情け」で見知らぬ乗客同士の交流があり、話に花が咲いたものである。一覧表を見て、上野に早朝到着する列車の多さに気づく方もおられよう。上野駅周辺には夜行の到着にあわせ早朝から営業する飲食店があった。旅慣れた出張客は上野駅東側の旅館街で

朝食をとり休憩してからビジネス街へ向かった。地方でも夜行急行の到着にあわせて駅前食堂が早朝から店を開け、荷物車、郵便車からは新聞や郵便物、荷物が下ろされ、東京の息吹を伝えていた。

列車種別「急行」

　急行という列車種別であるが、JR東日本の旅客営業規則では「急行列車は特別急行列車および普通急行列車をいう」「普通列車は急行列車以外の列車をいう」と規定され、この規定はJR他社にも原則として適用される。新幹線も規則上は特別急行列車である。かつては準急行列車(準急)という列車種別もあったが、その後普通急行列車(急行)に統合された。本書で取り上げる列車は原則として定期列車の客車急行列車(普通急行)であるが、かつて運転されていた客車による準急列車(準急)もあわせて取り上げることとし、客車による特別急行列車(特急)についても必要な範囲で触れることとしたい。

　本書は長らく鉄道の主役だった客車急行列車について、その歴史や乗車記録を当時の写真とともに紹介するものである。「客車急行の時代」を本書によって懐かしく回想していただければ幸いである。なお、客車普通列車について取り上げた拙著「昭和・平成を駆け抜けた長距離鈍行列車」(フォト・パブリッシング刊)をあわせてご覧いただければ幸いである。

2020年9月　山田 亮

急行「出雲」の列車名サボ。出雲は品川の受持ちで「品」の字が入っている。
◎東京　1972(昭和47)年3月　撮影：隅田 衷

第1章
客車急行の歴史

門鉄型デフレクター（除煙板、通称門デフ）を装備したＣ57 83（鳥栖機関区）牽引の下り急行「雲仙」。機関車の次は荷物車マ
ニ60、３軸ボギー台車の１等Ｃ寝台マロネ29、１等車スロ54、スロ51、２等寝台車ナハネ11、食堂車マシ29の順で最後部はＣ
51の補機がつく。フルセットの客車急行の魅力を伝える見事な一枚である。
◎長崎本線　喜々津〜大草　1961（昭和36）年４月　撮影：村樫四郎

01 明治に登場した長距離客車急行

長距離列車の出現

1972（明治5）年10月14日（旧暦9月12日）、わが国最初の鉄道が新橋（後の汐留）〜横浜（現・桜木町）間が開業したが、明治新政府は資金難で幹線鉄道の整備は約20年後の明治中期から本格化した。1889（明治22）年7月1日、東海道本線新橋〜神戸間が官設鉄道（官鉄）として全通し、全線直通列車として新橋〜神戸間夜行列車1往復が登場した。時刻は次の通り。

（下り）
新橋16:45〜静岡22:54/22:59〜名古屋4:40/5:00〜大阪11:39/11:45〜神戸12:50
（上り）
神戸17:30〜大阪18:32/18:36〜名古屋1:04/1:09〜静岡6:56/7:08〜新橋13:40

この直通列車は深夜時間帯においては主要駅だけに停車し、昼行区間でも通過駅があり直行列車としての性格がうかがえるが「急行」ではない。このほか昼行列車として新橋〜京都間、新橋〜名古屋間、新橋〜静岡間、静岡〜神戸間、名古屋〜神戸間の列車が運行された。客車は便所付きボギー客車と従来の4輪客車が混用され、室内灯はランプ（油灯）で夕方、駅停車中に駅員が取付け、朝になると取り外した。当時の列車は乗り心地も悪く、長時間乗っていられるものではなかったとされ、特に夜行列車の下等車（3等車）は薄暗く物騒であり、懐（ふところ）に余裕のある客は区間列車を利用し、駅前旅館で一泊し翌日の列車で旅を続けた。

続いて2年後の1891（明治24）年9月1日、東北本線上野〜青森間が日本鉄道として全通し直通列車が登場した。時刻は次の通りである。

（下り）上野14:45〜仙台2:27/2:40〜青森16:15
（上り）青森10:40〜仙台0:15/0:30〜上野12:25

そのほか、上野〜塩釜、上野〜福島、仙台〜青森間の区間列車もあった。

最初の急行列車は山陽鉄道から

山陽本線は山陽鉄道として1894（明治27年）6月10日、神戸〜広島間が開通し直通列車が3往復（うち夜行1往復）登場した。同年10月10日、昼行列車のうち1往復を急行列車とし、この列車がわが国初の長距離急行列車だった。この列車は瀬戸内海の汽船との対抗上、急行料金は不要で今風に言えば「快速」に相当する列車だった。時刻は次の通りである。

（下り19列車）神戸9:00〜広島17:56、
（上り20列車）広島10:45〜神戸19:32

この列車は翌1895（明治28）年10月、官鉄へ乗入れ京都発着となり、京都発6:00、京都着22:47となった。京都〜神戸間は急行でも約3時間を要したことになる。（現在の新快速は同区間55分）
官設鉄道だった東海道本線でも1896（明治29年）9月、新橋〜神戸間直通列車4往復のうち1往復が急行列車（急行料金不要）となった。新橋、神戸とも有効時間帯ギリギリの早朝発車、深夜到着の昼行列車だった。時刻は次の通りである。

（下り99列車）
新橋6:00〜名古屋16:55/17:02〜大阪22:29/22:35〜神戸23:22
（上り110列車）
神戸6:00〜大阪6:47/6:53〜名古屋12:19/12:27〜新橋23:09

この列車の乗車券は原則として40マイル（64.4km）以上の乗車に限り発売した。これは近距離の旅客を排除するためである。この急行列車は急行料金を徴収しないため中長距離客を優先した快速列車と考えるべきであろう。

山陽鉄道「最急行」「最大急行」と鉄道国有化

1901（明治34）年5月27日、山陽鉄道神戸〜馬関

(1902年6月、下関と改称)間が全通し、官鉄に乗入れ京都～馬関間の昼行列車を「最急行」列車(料金不要)とし洋食堂車を連結した。時刻は次の通りで官鉄の東海道線夜行列車と接続した。

(下り303列車)(新橋発12:20、神戸着7:50の夜行直行列車から接続)京都6:00～神戸8:35～馬関(下関)21:10

(上り316列車)馬関(下関)8:05～神戸着20:50～京都23:28(神戸発22:00、新橋着18:53の夜行直行列車に接続)

　1903(明治36)年1月、これまでの最急行列車を「最大急行」列車(料金不要)としてスピードアップを図った。時刻は次の通り。

(下り305列車)
(新橋発18:00、神戸着9:20の急行3列車から接続)京都7:50～神戸10:30～下関22:00
(上り318列車)
下関6:00～神戸17:30～京都19:38(神戸発18:15、新橋着9:30の急行4列車に接続)

　1906(明治39)年3月31日、鉄道国有法が公布され、山陽鉄道、日本鉄道、甲武鉄道、関西鉄道、北海道炭礦鉄道、北海道鉄道、九州鉄道など全国17私鉄の買収(国有化)が決まり、同年10月から翌年10月にかけ次々と国有化された。

急行料金のはじまり

　これに先立ち、1906年4月16日、日露戦争「勝利」に伴う「凱旋」運行(戦争からの帰還兵の輸送を優先するダイヤ)から平常時の運行に戻すダイヤ改正が行われ、東海道本線新橋～神戸間急行列車のうち昼行1往復が「最急行列車」となった。この最急行は1、2等だけの編成で洋食堂車を連結した。2往復の急行はいずれも夜行で1,2等だけの列車と3等だけの列車が各1往復であったが、この1906(明治39)年4月から最急行1往復と急行2往復に急行料金が必要となり、急行料金の始まりとなった。この最急行、急行の時刻は次の通りである。

(下り)
(最急行1列車、1.2等編成、洋食堂車連結)新橋8:00～大阪20:56～神戸21:40
(急行3列車、1.2等編成、1等寝台車、洋食堂車連結)新橋18:30～大阪8:14～神戸9:00
(急行5列車、3等編成、和食堂車連結)新橋19:30～大阪10:35～神戸11:20
(上り)
(最急行2列車、1.2等編成、洋食堂車連結)神戸8:00～大阪8:53～新橋21:40
(急行4列車、1.2等編成、1等寝台車、洋食堂車連結)神戸18:30～大阪19:24～新橋9:00
(急行6列車、3等編成、和食堂車連結)神戸19:30～大阪20:28～新橋11:18

　この最急行列車は東海道本線唯一の昼行優等列車だが1.2等だけの編成で3等客が東京～関西間を移動する場合は夜行列車を利用せざるを得なかった。

　この頃から、長距離の汽車旅行が一般の人々の間にも広がり、商用(今でいうビジネス)、観光(当時は伊勢参りなど神社仏閣めぐりが中心)などの目的で利用する人も次第に増え、時間を有効に活用するため別料金を払ってでも速く行きたいという需要がでてきたことになる。それだけ世の中が進歩したのであろう。この措置がとられたのは東海道本線だけで東海道は経済的にゆとりのある「上客」が多かったことになる。

鉄道網の広がりと特別急行列車の登場

　明治時代後半になると鉄道網は全国に広がり、北陸本線(官鉄)は1898(明治31)年4月に金沢、翌1899年4月に富山まで開通したが、東京方面とは米原乗り換えの大回りルートだった。1907(明治40)年9月、北海道の鉄道は富良野線経由で釧路に達し、翌1908(明治41)年3月には青函航路が鉄道連絡船として開設、翌1909(明治42)11月には九州の鉄道は肥薩線経由で鹿児島に達し、日本列島は北から南まで鉄道で結ばれることになった。さらに1912(明治45)年3月には餘部鉄橋の完成で山陰本線京都～出雲今市(現・出雲市)が全通した。

　これらを反映して1912(明治45)年5月11日、東北・常磐線、北海道方面のダイヤ改正が、同年6月15日には東海道・山陽本線のダイヤ改正が行われ、わが国初の特別急行列車(1.2等編成、後の「富士」)が新橋～

下関間に登場した。7月21日には九州線内で時刻改正が行われている。この特別急行列車はそれまでの最急行列車を下関まで延長したもので、東海道昼行、山陽夜行であったが、関釜連絡船を介して、朝鮮総督府鉄道(鮮鉄)、南満州鉄道(満鉄)に連絡し、日本と当時の植民地朝鮮半島、日本の支配力が強まっていた満州(中国東北地方)を結び、さらにシベリア鉄道に連絡して日本とヨーロッパを結ぶ「亜欧連絡」国際輸送の使命もあわせ持っていた。その背景には日露戦争(1904～05年)の勝利、幕末の開国以来の懸案であった不平等条約の改正(1911年)など日本の国際的地位の向上があり、特急運転も「国威発揚」の意味合いがあった。

1912(明治45)年の特急、急行列車

1912(明治45)年6月15日(九州内は7月21日)改正時の特急、急行列車は次の通りであるが、全区間または大部分の区間に急行券が必要な列車は東海道、山陽本線に限られ、それ以外の線区の急行列車には急行券が一部区間だけ必要な列車、全区間不要の列車もあった。沿線地域の所得水準、急行料金負担能力や普通列車との関係などを考慮したものである。(特に記載のない列車は1.2.3等編成)同年7月30日、明治天皇睦仁は「崩御」し、年号は大正と改められた。

(下り東海道、山陽本線)
(特別急行1列車、1.2等編成、1.2等寝台車、洋食堂車連結)新橋8:30～大阪20:33～下関9:38
(急行537列車、1.2.3等編成)
新橋12:25～名古屋21:55～米原1:05～金沢8:11～富山10:09一泊11:54(新橋～名古屋間急行券発売)
(急行5列車、1.2.3等編成、1.2等寝台車、洋食堂車連結)新橋15:50～大阪6:38～下関20:24
(急行3列車、1.2等編成、1.2等寝台車、洋食堂車連結)
新橋19:00～大阪8;16～神戸9:00(新橋～京都間急行券発売)
(不定期急行11列車、1.2等編成、1.2等寝台車、洋食堂車連結)
新橋19:30－大阪8:51～神戸9:40(新橋～京都間急行券発売)
(急行7列車、3等編成、和食堂車連結)
新橋20:00～大阪10:14～神戸11:00(新橋～京都間急行券発売)

(急行9列車、2.3等編成、2等寝台車、和洋食堂車連結)
新橋21:00～大阪11:20～神戸12:05(新橋～京都間急行券発売)
(上り東海道、山陽本線)
(特別急行2列車、1.2等編成、1.2等寝台車、洋食堂車連結)下関19:10～大阪8:28～新橋20:25
(急行4列車、1.2等編成、1.2等寝台車、洋食堂車連結)
神戸18:30～大阪19:22～新橋9:00(京都～新橋間急行券発売)
(不定期急行12列車、1.2等編成、1.2等寝台車、洋食堂車連結)
神戸19:10～大阪20:00～新橋9:40(京都～新橋間急行券発売)
(急行8列車、3等編成、和食堂車連結)
神戸19:30～大阪20:24～新橋10:30(京都～新橋間急行券発売)
(急行10列車、2.3等編成、2等寝台車、和洋食堂車連結)
神戸21:00～大阪21:56～新橋12:05(京都～新橋間急行券発売)
(急行6列車、1.2.3等編成、1.2等寝台車、洋食堂車連結)下関9:50～大阪23:32～新橋13:50
(急行538列車、1.2.3等編成)
泊17:30～富山19:00～金沢21:15～米原4:22～名古屋7:30～新橋16:45(名古屋～新橋間急行券発売)

なお、神戸行急行9列車は週3回、ウラジオストク航路に接続する金ヶ崎(後の敦賀港)行の1.2等寝台車が併結された。米原から普通列車に連結され米原発8:35、敦賀着10:42、金ヶ崎着11:00である。上りの金ヶ崎発1.2等寝台車(週3回運行)は金ヶ崎発8:52、敦賀発9:05、米原着10:50で米原～新橋間は普通14列車(岡山5:50～大阪11:44～米原15:32～新橋5:35)に併結されたが、米原発11:05の上り特別急行2列車に接続した。

このほか、新橋～神戸間(昼行)、新橋～岡山間(夜行)、新橋～下関間(夜行)の長距離普通列車が各1往復運行され、特に新橋～下関間の普通列車はいわゆる二晩夜行で1等寝台車および洋食堂車を連結した。京都－下関間にも夜行普通列車が2往復運転され1等寝台車と2等軽便寝台車(リクライニングシートに近い

構造の簡易寝台車)および洋食堂車を連結した。

(下り、鹿児島、長崎本線)門司は現在の門司港。
(急行1列車、1.2.3等編成、洋食堂車連結)現在の肥薩線経由
門司11:30〜博多13:38〜熊本16:38〜鹿児島23:07
(急行料金不要、人吉〜鹿児島間各駅停車)
(急行3列車、1.2.3等編成、洋食堂車連結)現在の佐世保、大村線経由
門司15:40〜博多17:50〜鳥栖18:39〜長崎23:12(急行料金不要、早岐〜長崎間各駅停車)
(上り、鹿児島、長崎本線)
(急行2列車、1.2.3等編成、洋食堂車連結)現在の肥薩線経由
鹿児島5:35〜熊本12:20〜博多15:21〜門司17:25(急行料金不要、鹿児島〜人吉間各駅停車)
(急行4列車、1.2.3等編成、洋食堂車連結)現在の佐世保、大村線経由
長崎14:00〜鳥栖18:41〜博多19:30〜門司21:35(急行料金不要、長崎〜早岐間各駅停車)
(下り東北、常磐線)
(急行201列車、東北本線経由、1.2.3等編成、1等寝台車、和洋食堂車連結)
上野9:30〜仙台19:20〜青森5:50(青函連絡船、青森7:30〜函館11:45)(上野〜郡山間急行券発売)
(急行801列車、常磐線経由、1.2.3等編成、1等寝台車、和洋食堂車連結)
上野22:30〜仙台7:35〜青森18:30(青函連絡船、青森21:30〜函館2:30)(上野〜平間急行券発売)
(上り東北、常磐線)
(急行202列車、東北本線経由、1.2.3等編成、1等寝台車、和洋食堂車連結)
(青函連絡船、函館9:30〜青森13:45)青森16:00〜仙台2:12〜上野12:05(郡山〜上野間急行券発売)
(急行802列車、常磐線経由、1.2.3等編成、1等寝台車、和洋食堂車連結)
(青函連絡船、函館18:30〜青森23:30)青森1:00〜仙台11:00〜上野20:05(平〜上野間急行券発売)

このほか上野〜青森間には東北本線経由、常磐線経由の長距離普通列車(夜行)が各1往復運転されている。
(下り、函館、根室本線)
(急行1列車、1.2.3等編成)
函館5:05〜札幌14:25〜旭川17:55
(急行3列車、1.2.3等編成、1等寝台車連結)現在の富良野線経由
函館13:50〜札幌23:14〜旭川4:10〜釧路15:15(函館〜札幌間急行券発売)
(上り、函館、根室本線)
(急行2列車、1.2.3等編成)
旭川5:00〜札幌8:25〜函館17:30
(急行4列車、1.2.3等編成、1等寝台車連結)現在の富良野線経由
釧路8:20〜旭川19:15〜札幌22:46〜函館8:00(旭川〜函館間急行券発売)

函館〜旭川間急行1、2列車は1912(大正元)年12月から普通列車となった。当時の北海道は「開拓地」で発展途上であり、急行列車を2往復運転するだけの需要がなかったからであろう。

ここで食堂車について記すと、当時1等車連結列車が洋食堂車、3等車連結列車が和食堂車であったが、新橋〜神戸間急行9、10列車、上野〜青森間急行201、202、801、802列車の食堂車は当時の時刻表では「洋食および和食」と記載されている。当時の食堂車は上流階級向けのサービスで、1等車連結列車では1.2等客だけが利用できた。

明治20〜30年代の東海道本線直行列車。客車は東海道本線全通時に導入された便所付ボギー客車。機関車は米国ブルックス社製の2Bテンダ機関車と思われる。
◎所蔵：生田　誠

02 大正時代、急行列車は全国に延びる

南へ北へ、全国に広がる急行列車

　大正時代は鉄道網が充実し、東海道、山陽、東北本線系統だけでなく、日本海縦貫線、太平洋側と日本海側を結ぶ横断線、山陰本線西部などの建設が進んだ。

　1913(大正2)年4月、北陸本線米原〜直江津間が全通し、東京〜北陸間はそれまでの米原経由から長野、直江津経由になり、関西〜新潟間も北陸本線経由となって大幅に時間が短縮され、上野〜福井間、姫路〜新潟間などの直通列車が登場したが普通列車だった。それに伴い、翌1914(大正3)年2月より、それまで東京(新橋)と米原経由直江津を結んでいた急行537、538列車が普通列車に格下げとなった。1914(大正3)年11月、岩越線(現・磐越西線)郡山〜新津間が全通し、従来の碓氷峠、長野を経由する大回りルートだった東京〜新潟間に郡山、会津若松経由の新しいルートが出現し、上野と新潟を郡山経由で結ぶ列車が登場したが夜行普通列車で急行とはならなかった。同年12月には赤煉瓦の威容を誇る東京駅が開業し、東海道本線の始発駅が新橋から東京になった。1917(大正6)年6月から、上野〜青森間の急行2往復(常磐線経由の801、802列車、東北本線経由の203、204列車)がスピードアップ(17時間運転)とともに全区間急行券発売となり、同年10月から、門司(現・門司港)〜鹿児島、長崎間の急行(昼行)1、2列車(鳥栖で分割併合、鳥栖〜長崎間11、12列車が)が全区間急行券発売となった。

多くの列車は2.3等編成に

　鉄道創業時以来の上等、中等、下等の3等級制は1897(明治30)年11月から1.2.3等級制となり、特急、急行、長距離普通列車は原則として1.2.3等編成だったが、1919(大正8)10月以降、1等車は主要幹線の一部列車を除き廃止され、多くの列車が2、3等編成となった。1等利用客は極めて少なく皇族、政府高官、高級軍人など1等に乗ることが一種のステータスだった人にほぼ限られたが、主要幹線の特定列車以外はそのような乗客がほとんどなくなったからである。

　1919(大正8)年には大型木造ボギー客車ナハ

22000系が登場し、車体幅が広がり1、2等車も原則としてクロスシート(それまで1.2等車はロングシート)となったが、3等車はこれまでと同じく背ずりが板張りのままで、シートピッチも1300㎜のままで極めて狭かった。

　1922(大正11)年3月には、神戸〜富山間、上野〜青森間(奥羽本線経由)、上野〜新潟間(長野経由)、上野〜金沢間に夜行急行が登場し、同じ区間を走る長距離普通列車と2本立てとなった。同年11月に宗谷線(後の天北線)が稚内(現・南稚内)まで開通し、翌1923(大正12)年5月、当時日本領だった南樺太(現・サハリン)への稚泊(ちはく)連絡船(稚内〜大泊間)が開設され、同時に函館〜稚内間に急行(急行券発売区間は函館〜滝川間)が運転開始された。同年4月には山口線が開通し山陰本線が山口線経由で小郡(現・新山口)に達した。

画期的な3等特急の登場

　1923(大正12)年7月、東京以西のダイヤ改正が行われ、東京〜下関間に3等特別急行列車(後の「櫻」)が登場し、1.2等特別急行列車とほぼ同じ時間帯を走るセクショントレインだった。時刻は次の通り。

(下り)
(特急3列車、3等編成、和食堂車連結)東京8:45〜大阪20:00〜下関8:05
(特急1列車、1.2等編成、1.2等寝台車、洋食堂車連結)東京9:45〜大阪20:20〜下関8:30
(上り)
(特急2列車、1.2等編成、1.2等寝台車、洋食堂車連結)下関20:45〜大阪9:04〜東京19:35
(特急4列車、3等編成、和食堂車連結)下関21:05〜大阪9:50〜東京20:40

　3等特急の登場で、3等旅客も東京〜関西間を昼行列車で移動することが可能になった。この列車は優等旅客に限られていた特急列車を一般大衆にも開放し、社会史的にも重要な意味がある。これは第一次世界大

戦中（1914～18）の好景気で従来の重工業や繊維産業に加え金融、商社などが発展し、俸給生活者（サラリーマン）が増加し中産階級が階層として定着したことが背景にあるが、特急3等車を利用できたのは主として大都市に居住し、大企業、官庁に勤務する中産階級層であった。

日本海縦貫線、鹿児島本線の全通

1924（大正13）年7月、羽越本線新津～秋田間が全通し、日本海縦貫線米原～青森間が全通し、神戸～青森間に急行が登場したが神戸～富山間が急行券発売区間で富山以北は普通列車で二晩夜行だった。時刻は次の通り。

（急行503列車）神戸21:50～大阪22:45～富山8:07～新津15:44～秋田0:25～青森5:30
（急行504列車）青森22:50～秋田4:10～新津13:08～富山20:55～大阪（着）6:12～神戸7:10

1926（大正15）年12月25日、大正天皇嘉仁が「崩御」し、年号は昭和と改元された。その翌年1927（昭和2）年10月には鹿児島本線八代～川内～鹿児島間が全通し、急行、直行列車は新線経由となり、従来の人吉、吉松経由の線は肥薩線と改称された。

上野駅に近づく日本鉄道の列車。2Bテンダ機関車が牽引している。付近は鶯谷付近の根岸の里と思われる。◎所蔵：生田 誠

1912（明治45）年3月に餘部鉄橋が完成し、山陰本線京都～出雲今市（現・出雲市）間が全通した。この餘部鉄橋は98年間使用され、2010（平成22）年7月16日限りで旧鉄橋が使用停止され、同年8月12日から新鉄橋が開通（営業開始）した。◎所蔵：生田 誠

昭和戦前期の急行黄金時代

めざましいスピードアップ

　いよいよ昭和戦前期の鉄道黄金時代に入る。昭和初期は世界大恐慌による不況時代で鉄道利用者も減少傾向にあったが、スピードアップなどは目覚ましく、戦後の1950〜60年代の在来線レベルに近づいたといえる。1930（昭和5）年10月、特急「つばめ」（燕）が東京〜神戸間に登場し、同区間を8時間20分で結んだ。同時に「富士」「櫻」をはじめ、東海道、山陽本線の特急、急行列車もスピードアップされた。これらが実現した背景には自動連結器への取替え（1925年）、空気ブレーキの支線区限定車両を除く全車両への取付け（1930年までに完了）、自動信号機の導入による安全性の向上、幹線区における大型機関車（C51、C53、D50形など）の登場がある。

　1931（昭和6）年9月、清水トンネルが開通し上越線が全通し、東京〜新潟間は大幅に短縮された。トンネル区間の水上〜石打間が当初から電化されたことも特筆される。同時に上野〜新潟間に急行（昼行）が登場し、羽越本線経由秋田までの編成（新津〜秋田間は快速）を併結した。

丹那トンネルの開通と 1934年12月全国ダイヤ改正

　1934（昭和9）年12月、丹那トンネルが開通して東海道本線が従来の御殿場経由から熱海経由になり東京〜沼津間が電気運転となり、山陽本線岩国〜櫛ヶ浜間短絡線（現・岩徳線）、長崎本線肥前山口〜諫早間も開通した。同時に行われた全国ダイヤ改正は戦前の安定期のダイヤで特急「つばめ」（燕）が東京〜大阪間8時間運転となった。地方幹線でもこの改正でスピードアップされ、この時点での最速列車の所要時間が1960年代のディーゼル特急の出現まで破られなかったことが多い。さらに、1935（昭和10）年3月、山陰本線初の急行（昼行）が大阪〜大社間に福知山線経由で登場し、山陰線初の和食堂車が連結された。

　1937（昭和12）年7月には東京〜神戸間に特急「かもめ」（鷗）が登場し、これによって特別急行列車は定期4往復、不定期1往復となった。この1週間後の同年7月7日、北京郊外の盧溝橋での発砲事件をきっかけに日中戦争（当時はシナ事変、日華事変といわれた）が勃発し戦死者も出ていたが、国内は準戦時体制による軍需景気で昭和ヒトケタ代の不況を脱し経済活動は活発で、戦争にも楽観的でのんびりムードが漂っていた。

1939年11月、戦前最盛期の急行列車

　1939（昭和14）年11月の特急、急行列車時刻表を別表1に記す。筆者が古書店で購入した鉄道省編纂「時間表」昭和15年3月号（ジャパンツーリストビューロー発行）を参考した。この号は前年1939年（昭和14）年11月15日改正時刻が掲載されているが、日本交通公社（JTB）から刊行された時刻表復刻版（戦前、戦中編）には含まれていない。すでに第二次世界大戦が勃発していたが満鉄、シベリア鉄道経由の亜欧連絡時刻も掲載されている。この昭和15（1940）年3月時刻表から、主要幹線ごとの急行列車の運行状況を概観したい。

（東海道、山陽本線）

　東京〜大阪間の昼行は特急中心で急行は意外と少ない。特急の8時間〜8時間40分に対し、急行では10時間以上かかるため、夜行利用が中心だったのであろう。東京〜神戸間特急は2往復（つばめ、かもめ）で、戦後の「つばめ」「はと」を先取りしたダイヤだが、神戸発着は外国航路（欧州航路など）との連絡のためである。

　東京〜下関間特急は「富士」が1.2.3等編成、「櫻」が2.3等編成でいずれも東海道区間昼行、山陽区間夜行であるが、大阪〜下関間は約10時間で急行と大差がない。急行との差は座席確保（当時の特急は寝台車を除いて座席指定ではなく号車指定）だけである。東京〜下関間9、10列車は東海道区間昼行、東京〜大阪間10時間余りであるが、東京〜関西間の利用も多かった。東京〜大阪間1021、1022列車は前年1939（昭和14）年11月に運転開始された東京、大阪ともに午後発車し夜遅く到着するビジネス列車で、午前中に仕事をして昼過ぎに乗車、夜遅く帰宅でき、軍需産業はじめ経済活動が盛んだった世相を反映している。所要時

間9時間15分（下り）は東海道本線全線電化時（1956年11月）の急行「なにわ」より速く、沼津以西が蒸気列車であったことを考慮するとかなりの高速運転だった。

東京〜下関間の急行（東海道区間夜行、山陽区間昼行）は定期3往復。7、8列車は呉線経由で旧海軍の本拠地呉を経由した。高級軍人など要人の利用が多いため1等寝台車、1等展望車（京都〜下関間）を連結し「国際急行」と呼ばれた。東京〜大阪、神戸間夜行急行は定期5往復が運行され、この区間は夜行利用中心だったことが伺える。なかでも17、18列車は1．2等編成で名士列車と呼ばれ、1等寝台車3両、2等寝台車5両、洋食堂車、2等座席車、荷物車の11両編成で初の寝台列車であるが2等座席車が自由席だったか定員制だったかは明確な資料がなく不明である。

東京発22時の急行1023列車大阪行には月6回（東京発毎月5、10、15、20、25日および月末）敦賀港行の2等寝台車が連結されている。米原から普通列車に併結され敦賀港へ向かい、朝鮮半島北部の清津、羅津に寄港するウラジオストク航路に連絡した。日本とソビエト連邦（現・ロシア）を直接結ぶ交通手段でシベリア鉄道に接続した。上り敦賀港発は毎月4、8、14、18、24、28日で米原から急行10列車に併結した。

東京〜鳥羽間の「準急行」列車は全区間快速運転で東京〜名古屋間は急行と同じ速さであり、皇国史観全盛時代における伊勢参宮の重要性が表われている。

（東北、常磐線）

上野〜青森間（常磐線経由）201、202列車は特別室付き2等寝台車（マロネ38）を連結した。1934（昭和9）年12月改正時から東海道、山陽本線以外の1等車が廃止されたが、親任官である旧陸軍の師団長（弘前、旭川に在勤）のため、1等寝台と同等の特別室（4人個室）のある寝台車が必要とされたからである。この上野〜青森間夜行急行は速い方の上りが12時間25分運転（60.4km/h）で特急「富士」の全区間表定速度59.5km/hより速く、実質的な「東北特急」だったが、当時の東北、北海道は第一次産業中心で所得水準が比較的低く、特急料金を負担できないと判断され急行とされた。

上野〜札幌間については、東北昼行〜青函夜行、東北夜行〜青函昼行の2パターンがあり、戦後の乗り継ぎパターンが早くも実現し、201列車〜1便〜1列車の乗り継ぎで24時間台となっている。

（日本海縦貫線、上信越線）

大阪〜青森間の501、502列車は北陸本線内昼行、新津〜青森間が夜行で、酒田、秋田は深夜となっていて、戦後の「日本海」の北陸本線内夜行と異なっている。上野〜金沢〜大阪間の601、602列車は上野〜金沢間夜行、北陸線内昼行で富山〜大阪間では501、502列車と時間帯（午前と午後）を分けている。上野〜金沢間は夜行だけで戦後の「白山」に相当する昼行急行は設定されなかったが、上野〜新潟間普通列車（昼行）が上野〜長野間で準急行列車となり快速運転を行った。

上野〜新潟間の701、702列車は羽越本線経由秋田発着の客車を併結し、東京と山形県庄内地方との昼行直通列車だった。

（北海道内）

エースナンバーともいえる1、2列車は函館〜稚内桟橋間の運転で東北、常磐線201、202列車と同様の特別室付き2等寝台車（マロネ38）が連結され、樺太（現・サハリン）への連絡列車の重要性が表われている。旭川〜稚内間は7時間40分（下り）を要し、戦後の準急「利尻」の同区間5時間50分（下り、1961年10月時点）と比べても低速である。稚泊（ちはく）連絡船接続を考慮し早く着く必要がないからであろう。

道東の釧路へは普通列車だけであるが、1940（昭和15）年10月から戦後の「まりも」に相当する函館〜根室間の急行（夜行区間札幌〜釧路、釧路〜根室間普通）が登場している。

車内サービスの向上

車内サービスであるが、特急、急行および一部の長距離普通列車に食堂車が連結されている。特急など1等車連結列車は洋食堂車、その他は和食堂車である。明治の食堂車登場時は富裕層向けサービスで1．2等客対象だったが、大正時代末期からは等級に関係なく利用でき、食堂車での食事は長距離旅行の楽しみになった。洋食堂車、和食堂車の違いは何か。それは昼、夕の定食時間に提供される「ディナー」が洋食か和食かである。当時、食堂車で食事をする乗客の多くは昼、夕食の定食時間はコース料理の「ディナー」を注文したが、洋食堂車でも幕の内弁当、和食堂でもカツレツ、海老フライなどがメニューにあったという。信越本線経由の急行には連結されず、碓氷峠の急勾配のためと説明されたが、戦後の1961（昭和36）年10月登場の

ディーゼル特急「白鳥」には連結されたから、この説明は？であろう。

　夜行急行には2等および3等の寝台車が連結され、2等寝台車（マロネ37、戦後はマロネ29）は夜間には開放型2段寝台だが、昼間の座席は窓を背にして座るロングシート（ツーリスト型）で車窓は楽しめず混雑時は3人掛けで快適とはいえなかった。3等寝台車（スハネ30、31）は1931（昭和6）年に登場した幅52cmの3段式寝台で、戦後の10系寝台車、20系寝台車にも受け継がれた。枕、シーツ、毛布、寝台灯はなく、カーテンも通路側（頭部）から上半身を覆う長さしかなく中下段は共用で、サービス面は何一つなかったが、1934（昭和9）年8月から枕とシーツは取付けられた。「横になって寝ていける」ことから好評で全国の夜行特急、急行、長距離普通列車に連結された。

　3等客へのサービス向上も推進された。1927（昭和2）年登場の17m車オハ31系3等車のシートピッチは木造客車と同じ1300mmで、背ずりも板張りだった。1929（昭和4）年登場のスハ32系（20m）はシートピッチが1455mmに広がり、窓も狭窓ながら上下の寸法が広がり車内が明るくなり、1935（昭和10）年以降製造の車両から3等車の背ずりも布（モケット）張りとなった。1939（昭和14）年から製造のオハ35系は窓が幅1mの広窓となり、これで3等車の近代化は決定的なものとなり、車内も明るく3等旅客に対する画期的なサービス向上となり、特急、急行列車に順次連結された。照明は白熱灯1列のままで、今の感覚では薄暗く、かろうじて本が読める程度だった。

有楽町付近の外濠沿い高架線を走る東京行長距離列車。客車は1912年登場の鉄道院基本型中型木造ボギー客車ホハ12000系で1914（大正3）年の東京駅完成後に撮影された。架線柱は設置されているが、架線は山手、京浜線だけに張られている。◎所蔵：生田 誠

1919（大正8）年に登場した18900形蒸気機関車（後のC51形）に牽引される東海道線列車。18900形は当時狭軌鉄道としては世界最大の直径1750mmの動輪を採用した。機関車次位は1等寝台車で、場所は浜名湖付近の鉄橋と思われる。◎所蔵：生田 誠

1934（昭和9）年6月に大阪駅の高架化が完成した。高架化された大阪駅に進入する高架化1番列車。機関車はC53 16（明石機関庫）。C53形は1928（昭和3）年に登場した昭和戦前期を代表する旅客用蒸気機関車で東海道、山陽本線専用で特急、急行列車を牽引した。C53形は三気筒（スリーシリンダー）の強力機関車だったが整備が困難であった。
◎東海道本線　大阪駅　1934（昭和9）年6月　撮影：朝日新聞社

大阪駅に到着する流線形C53 43（梅小路機関庫）。列車は東京発21:40、大阪着8:50の1・2等寝台急行17列車（通称、名士列車）と思われる。1930年代、欧米の鉄道では流線形が流行し、その影響をうけ鉄道省でもC53形1両を1934年に流線形に改造した。1935〜36年製造のC55形の一部（21両）も流線形で登場した。
◎東海道本線　大阪駅　1935（昭和10）年1月　撮影：朝日新聞社

関門トンネル開通の1942年11月改正

1937(昭和12)年7月に勃発した日中戦争(当時はシナ事変、日華事変などといわれた)は解決のめどは立たずドロ沼化、1941(昭和16)年に入ると6月にはドイツとソ連(現・ロシア)が開戦、8月には米国の対日資産凍結、石油禁輸などの措置が取られ、「最悪の事態はまぬかれるのでは」との希望的観測もむなしく12月には日米開戦となり、太平洋戦争(当時は大東亜戦争といわれた)に突入した。

1942(昭和17)年11月15日、関門トンネル開通に伴う全国ダイヤ改正が行われた。すでに日米開戦から1年近く経過し、同年6月にはミッドウェイ海戦で大きな敗北を喫し、日本は劣勢に傾いていたが、兵員、兵器の移動などの軍事輸送、軍需産業関係の貨物輸送、軍需工場への通勤輸送など国内の鉄道輸送は戦時下であるが活況を呈していた。この改正では関門トンネルを通り特急「富士」が長崎へ延長されたが、特急「櫻」は九州内急行と結び東京～鹿児島間の急行となり、同区間に「二晩夜行」急行も出現した。この東京～鹿児島間急行の時刻は次の通り。

(下り)
(急行7列車)東京13:05～大阪22:01/22:07～門司8:24/8:36～鹿児島17:10
(急行3列車)東京23:00～大阪10:34/10:40～門司21:23/21:35～鹿児島7:00
(上り)
(急行4列車)鹿児島22:30～門司8:50/9:00～大阪19:54/20:00～東京7:30
(急行8列車)鹿児島12:55～門司21:32/21:42～大阪7:48/7:53～東京17:06

東海道線内昼行の急行7、8列車は戦後の「霧島」の源流となる列車である。関門トンネルを通過する急行列車はこのほかに東京～博多間、東京～門司間に設定された。上野～青森間の常磐線経由夜行急行が2往復となり、北海道内の急行も函館～稚内桟橋間、函館～根室間(釧路～根室間普通)に設定されているが、東北本線昼行急行、青函夜行便に接続する函館～旭川間

昼行急行は姿を消している。青函連絡船は「時刻は省略」となっていて、戦時下の厳しさがうかがえる。3等寝台車は前年(1941年)7月に廃止され、1、2等だけになっている。士官(将校)クラスの軍人は2等への乗車が義務付けられており、当時の支配層(特権層)の一般国民への態度が表われている。

戦局の悪化と急行列車の削減

関門トンネル開通に伴うダイヤ改正もつかの間、翌1943(昭和18)年に入ると戦局の悪化による船舶の軍事輸送への転用、沿岸航路における米軍の潜水艦攻撃の危険から、海上輸送の鉄道輸送への転移が始まり貨物列車が増発され、それに伴い急行列車の削減、区間短縮が行われた。同年7月にはそれまでの特急が第一種急行、その他が第二種急行となった。この頃から急行券は列車指定制となり軍務公用者、官公庁、軍需産業関係者に優先発売になり、一般旅客への発売に制限が加えられた。

翌1944(昭和19)年4月、決戦非常措置要綱が実施され、第一種急行「富士」が廃止され、1等車、寝台車、食堂車が全廃され、急行列車は全国で8往復となった。同時に大幅な乗車制限が行われ、100kmを越える区間の乗車券は軍務、公務客優先に発売し、一般乗客は旅行証明書を提示した場合に限り発売することになった。

さらに戦局は悪化し、各地で「玉砕」が相次いだ。同年10月には「決戦ダイヤ」と称して、さらに急行および長距離普通列車が削除された。本土空襲が始まった1945(昭和20)年3月、急行列車は東京～下関間1往復だけとなった。時刻表上では2等、3等の座席車だけであるが、当時のファンの証言では2等座席と2等寝台の合造車マロネロ37(後マロネロ38)がVIP(皇族、政府高官、高級軍人)用として連結されていた。各地への空襲で鉄道輸送は寸断されたが、数日以内に復旧し輸送は続けられた。7月14日には青函連絡船が米軍機の攻撃を受け壊滅した。7月24日、致命傷となる鉄橋への攻撃が近鉄名古屋線揖斐、長良川橋梁に加えられトラス2連が転落し不通となったが平行する関西本線は無傷だった。鉄橋の空襲被害は他にはなかった。

米軍は戦後の日本占領政策を考慮し、鉄道、港湾など重要施設への攻撃を控えたとされている。

のしかかる膨大な輸送要請

1945（昭和20）年8月15日の敗戦とともに、戦時中にも増して膨大な輸送要請が国鉄にのしかかってきた。さらに国鉄（当時は運輸省鉄道総局）はGHQ（連合国軍総司令部）の管理下に入り、占領軍輸送が命令通り行われなければならなかった。

1945（昭和20）年11月20日、敗戦後初めての全国的ダイヤ改正が行われた。この改正で主要幹線に急行列車を復活するなど、おおむね前年10月のダイヤに戻ったとされたが、12月に入ると石炭不足により列車が削減され敗戦時を下回る列車本数となった。

翌1946（昭和21）年春から秋にかけては前年秋頃のダイヤに戻り、急行列車も東京～博多、門司、大阪間各1往復、門司港～鹿児島間、上野～青森間（東北本線経由）に運転されている。外地からの復員、引揚輸送も1946年春頃から本格化し、南風崎（大村線）、博多、久里浜（横須賀線）などから各地へ復員列車が運行された。

せまりくる石炭飢饉

秋になり、再び石炭飢饉による列車削減の悪夢にさいなまれることになった。はやくも1946（昭和21）年10月中旬には石炭不足による列車削減が記事として取上げられた。「石炭不足から客貨輸送とも制限」「鉄道用としては11月56万5千トン、12月62万トンとなり11,12月は現在通りの運行はできない」（1946年10月16日　朝日東京）「来月10日から旅客は現在の列車キロ1日26万5千キロ（復員引揚列車と電化区間列車を除く）に対し1割7分の4万5千キロを切る」「一般普通旅客に対し1日平均の4割約100万人のの乗車抑制がかけられる。現在各鉄道局で行っている乗車券の一部の自由販売もなくなる」（1946年10月26日　朝日東京）

同年11月10日、これは、石炭不足でダイヤ通りの運行ができず次々と削減に追いこまれた前年の苦い経験にかんがみ、あらかじめ列車本数を約16％減らして石炭不足に備える、いわば防衛的姿勢の改正であった。この時点での急行列車は東京～博多間1・4列車（東海道昼行、山陽夜行）、東京～門司間5・8列車（東海道夜行、山陽昼行、広島～門司間運休）、東京～大阪間103、104列車（夜行）、上野～仙台間109、110列車（昼行）だけであったが、準急行料金を必要とする準急行（準急）列車が上野～秋田間405、406列車（夜行、山形～秋田

間普通列車）、上野～金沢間605、606列車（夜行、信越本線経由）に登場した。これは急行とするほどでもないが、混雑する長距離普通列車から長距離客を分離し、比較的いい車両で運転したいという趣旨であった。

底をつく石炭

石炭不足は予想以上に深刻で東京鉄道局（東鉄）管内では1946（昭和21）年11月27日および12月1日から、大阪鉄道局（大鉄）管内では12月5日から通勤列車の一部削減が実施された。

12月中旬には北海道・東北各地は吹雪に見舞われ、北海道からの石炭輸送船が運行不能になり各鉄道局の石炭貯炭（備蓄）は底をついた。「東北や信越等の幹線に運休や制限続出」「本土内の貯炭は12日現在、新鉄1日分、仙鉄1.5日分、名鉄2日分で運行不能の危機に直面している。そこで運輸省では新鉄へは名鉄向けの九州炭を12日から3日間にわたって1日1400トン、仙鉄へは青函連絡用の輸送船で20日まで毎日500トン、名鉄へは名古屋港の貯炭4000トンを緊急輸送する」（1946年12月13日　朝日東京）

11月10日運転開始の金沢行準急605列車（D50重連牽引）は12月19日未明、信越本線田口（現・妙高高原）～関山間で脱線転覆し、死者11名重軽傷者約36名をだした。雪崩により線路を埋めた土砂に列車が乗り上げたのが原因である。（1946年12月20日、新潟日報）

石炭不足は深刻で、12月20日から関西人によく利用されていた東京～大阪間急行103・104列車および前月運転開始したばかりの上野～金沢間準急が運休となり、22日から上野～秋田間準急が普通列車となった。残る急行は東京～博多間、東京～広島間、上野～仙台間だけとなった。

1946（昭和21）年12月29日、各紙に掲載された「帰省しても戻れない」との広告。進駐軍要員募集も時代を感じさせる。
◎所蔵：山田 亮

05 急行の廃止から復活へ

1947年1月4日、急行のない暗黒時代到来

1946（昭和21）年12月下旬、政府は産業復興のための緊急措置として「傾斜生産方式」を決定した。当時、生産拡大の最大のあい路は石炭生産の不足でその原因は炭鉱用鋼材の不足であった。そこで、鋼材を集中的に石炭に投入し、それによる石炭増産分をさらに鉄鋼に投入し、生産全体を引上げて経済危機を回避しようとするものであった。だが、それは石炭の鉄道への配分をさらに減らすことになった。

暮れも押し迫った12月29日、「帰省しても戻れない」と題した前代未聞の広告が各紙に掲載された。「配炭不足のため正月早々旅客列車を更に削減します。帰省されても予定通り帰宅することはできません。この際旅行はお控えください。」

12月31日、急行と2等車の廃止が発表された。「1月4日から列車の新削減ダイヤを実施する。東海道・山陽線の急行は全廃され、かわりに遠距離客のため現行139列車が1列車（東京〜博多）、149列車が5列車（東京〜広島）、132列車が4列車（博多〜東京）、140列車が8列車（広島〜東京）として存続される。この列車は中間駅通過の準急なみ普通列車で、準急行券はいらないが指定券を必要とする。新ダイヤ実施とともに2等車は廃止される模様である」（1946年12月31日、朝日東京）

わずか2往復の東海道、山陽線「直行列車」

1947（昭和22）年1月1日の紙面に4日からの非常大削減ダイヤが掲載された。東海道・山陽本線直通列車は東京〜博多間1・4列車、東京〜門司間5・8列車のわずか2往復。5・8列車は12月31日の発表では東京〜広島間となっていたが東京〜門司間となった。上野〜青森間は下り直通列車が姿を消したが、実際には上野発19時10分107列車盛岡行が盛岡で約3時間停車後、201列車として青森まで運転されたが、1月中旬以降107列車は青森行となった。運輸省鉄道総局業務局長談話も載っている。「この状態は安本（筆者注、経済安定本部のこと）では1月だけといっているが、2、3月もこれに近いと思う。通学列車は2月以降なんとかしたいと思う」（1947年1月1日、朝日東京）

1947（昭和22）年1月4日、旅客列車の走行距離が電化区間を除いて1日15万kmとなり、急行、準急行列車、2等車は全廃され、通勤通学列車は現行の3割減、長距離直通列車は東海道・山陽本線2往復、他の主要幹線1往復程度となった。これは敗戦時の4分の1に過ぎず、まさに最悪の事態であったが、進駐軍専用列車と復員臨時列車はその制限外であった。列車削減初日の様子を新聞は次のように伝える。

「締め上げられた列車、博多行ガラ空き」「（東京駅）直通指定列車では3日22時40分発5列車門司行は南風崎行臨時列車がなかったため案外混雑し、8両連結を4両増やしたがそれでも定員の2倍の2千人。4日7時25分発1列車博多行きは混雑を予想して9両連結を14両にしたが、乗車は870名で定員の9割。（上野駅）8時発301列車新潟行と9時40分発103列車仙台行は定員の2倍程度。（新宿駅）中央本線は従来通りとあって、上野で乗れない長野方面への客が3日23時35分発403列車長野行に殺到し、窓ガラスが2、3枚破れた。」（1947年1月5日、朝日東京）

乗車券・指定証をめぐる狂騒

敗戦2ヶ月後の1945（昭和20）年10月25日から、戦争末期から行われていた長距離列車乗車券の「前日申告制」「切符発売詮議」を廃止し、原則として先着順に発売することになったが、輸送力の絶対的不足から発売枚数制限は続けられた。1946（昭和21）年に入り、列車の復活とともに制限は緩和され、6月頃から一部で乗車券の自由販売も行われたが、秋になり乗車券発売制限がふたたび行われた。

同年11月から東京発夜行普通列車への乗車は乗車券のほか列車指定証が必要になった。急行は乗車日と乗車列車を指定して急行券を発売したのでそれが実質的な指定証であった。12月下旬からは上野、新宿発夜行列車にも必要になった。乗車券に加え指定証も必要になったので、行列はますます長くなった。「指定証は始発駅の東京・上野両駅で朝9時から発行されるが、2時間で売りきれ。前夜の真夜中から3千人くらい並んでいる長い行列の大部分はまた翌日の夜を立ちつくすことになる。」「そこで切符のヤミ売りはますます増えている。一般乗客が切符に並び、指定証に並び、改

札の列に並び、うまく乗りこまんがためには下手すると1週間かかる。そこで、ヤミ屋は切符、指定証、改札の列を仲間で分担して取得し、ひとまとめにして売りつける。指定証のヤミは150円から300円、乗車列の権利は最前列200円、真ん中が30円、切符は大阪500円、北海道700円（筆者注、正規運賃は大阪まで36円、札幌まで74円）などと吹っかける。」（1947年1月5日、朝日東京）

武装警官の警乗

長距離列車はヤミ米集団買出部隊がわがもの顔に占拠し、あらゆる暴力が横行する無法地帯となっていて世論は厳しかった。「停車駅の大削減を安本（経済安定本部）、内務省と協議中」と題した鉄道総局業務局長への問答が新聞に載っている。「（問）荷物の制限は宣伝だけだ。長距離列車の停車駅を大駅に限定してそこの警察力と駅員で荷物を徹底的に取り締まったり、検札をしてはどうか。（答）停車駅削減は難しい面もあるが、内務省には協力してもらわねばと考えている。（中略）不法な乗客には乗客の方でも結束して対抗していただきたい。（問）それには鉄道と警察がヤミ屋の不法乗車を徹底的に取り締まる姿勢をみせなければダメだ。正当な乗客を保護する姿勢を当局はみせてもらいたい。（答）お説の通り。それをやる決意を持っている。」（1947年1月11日、朝日東京）

世論に押されてか東海道・山陽直行1、4、5、8列車への武装警官の警乗が1947年1月20日から実施された。1列車あたり5人の警乗ではその効果を疑問視する向きもあったが、文字通り命がけで乗っている一般乗客にやや安心感を与えたのは確かである。この警乗は6月からは東北・北陸など主要幹線に拡大された。武装警官添乗を契機に鉄道公安官制度が発足した。

なかなか復活せぬ急行列車

1947（昭和22）年2月中旬、石炭事情好転の見通しがつき、3月から旅客列車増発との報が毎日（東京）、朝日（大阪）および各地方紙に掲載された。「運輸省では全国業務部長、運輸部長合同会議を本省で開き当面の重要問題を協議した」「3月の配炭予定は64万トンのため、貨物列車の900万トン輸送に全力を注ぐ」「貨物がスムーズに動くためにはある程度人間が動かなければならない。3月頃から旅客も1日4万キロを増発し、急行・直行列車を復活する方針を決めた」（47.2.14、朝日大阪）それを受けて各鉄道局では3月からおおむね前年11月の状況にまで戻すと発表した。東北地方では「東北本線上下2本復活」「3月3日から本線経由上野～青森間直行1往復、常磐線経由急行1往復を復活運転する」（1947年2月18日、岩手日報）と報じられ、地元では明るい春のニュースとして歓迎された。

ところが横ヤリがはいった。「国鉄復活ダイヤ数日遅れる」「3月1日実施予定の国鉄復活ダイヤは都合で5日ないし10日遅れて実施されると、22日本省から大鉄局へ連絡があった」（47.2.23、朝日大阪）、さらに追い討ちをかけるように「列車復活望み薄」「旅客列車の一部復活は今月中旬実施の予定だったが、石炭事情や目下行われている月間900万トン貨物輸送の実績が十分でないため、復活ダイヤの実施は絶望視されている」（1947年3月7日、朝日大阪）

2月25日、列車大削減期を象徴する大事故が起きた。八高線東飯能～高麗川間でC57牽引八王子発高崎行3列車が脱線転覆し、死者184人、重軽傷495人をだした。下り勾配の速度超過が原因だが、超満員に加え高速での転覆のため木造客車が粉砕されたことが被害を大きくしたとされる

「ヤミ屋は歩け」シャグノンの横ヤリ

いったん発表した3月からの増発は事実上お流れとなったが、その裏にはまず貨物輸送を優先すべきとの占領軍の強い意向があった。「ヤミ屋は歩け、増発に増炭許さず」「旅客列車ダイヤ復活に際して総司令部民間運輸局シャノン氏から次のような回答があった」「国鉄は全力をあげて重要物資を輸送しなければならない。それ以外にインフレの防止、ヤミの撲滅はできない。旅客輸送の増発は貨物の自由受託態勢が確立してから後のことだ。旅客輸送のために石炭を増配することはできない。それは他産業のために使うべきであり、ヤミ旅客は強力に抑止しなければならない。ヤミ買出しの者は新潟まで歩かせてもよい」（1947年3月14日、朝日大阪）

ここでいうシャノン氏とは総司令部民間運輸局（CTS）鉄道課長ドナルド・R・シャグノン中佐である。米国イリノイセントラル鉄道の営業所主任などの経歴を持つとされるが、日本の鉄道を「マイレールロード」と称して権勢をふるい、当時の運輸省・国鉄上層部にとって文字通り「シャクの種」であった。定期券にいちいちハサミを入れろと主張し、1949（昭和24）年の

特急復活に際して「3等客に特急などぜいたくだ。1.2等だけでよい」と放言、国鉄への特別2等車(特ロ)用リクライニングシートの導入もゴリ押しした。

総司令部民間運輸局長ベッソン准将も「鉄道は経済の血管。旅客制限は絶対必要」と記者会見をおこなった。「急を要しない旅客や貨物のために大切な石炭を使うことは国家の再建をさまたげる」「経済の安定のために鉄道は機械・原料・食糧を輸送しなければならないが石炭の供給には限度がある」「多くの日本人は旅客制限に不満をもっているが、この制限は国家の利益のためには絶対必要である」(1947年3月18日、北海道新聞)

なかなか買えない乗車券

3月末になり会社・官公庁の人事異動の時期になっても列車は増えなかった。「来月も増えぬ列車、乗客は1936(昭和11)年の約3倍」という嘆きの記事がでている。「混雑列車はいつまで続くか。4月になっても旅客列車は増発できそうにない。これは石炭のためではなく月間900万トン貨物輸送が毎月確実に行われる見込みがつかないうちは客車増発ができない事情にあるため」「全営業キロに対する平均列車回数(片道)は昭和11年11回、17年12回だったが現在は4回にすぎない。1日平均走行㌔は昭和11年37万キロ、17年43万5千キロに対し現在は16万5千キロ(筆者注、通勤列車の一部復活で1月4日の15万キロより増えている)。乗客は昭和11年1日平均290万人、17年624万人に対し現在は900万人前後という状況である」「最近の東京駅では沼津から先の切符は1日275枚しかなく、毎日850人位が切符を買えない。上野駅では東鉄管内行き切符を買うために2日、局外行きは3日かかっている」「乗車の時、東京駅で門司行5列車は10時間。上野駅で青森行107列車は20時間から40時間立ちんぼうでまたなければならぬ。乗車券のヤミも指定証が50円、切符も正規運賃の10倍くらいにあがっている」(1947年3月28日、朝日東京)

1947年4月24日、待望の急行復活

国鉄の救国貨物大輸送運動の3月分実績は855万トンとなり、はじめて実績が目標を上回り900万トン達成の見通しもつき、ようやく旅客列車復活の気運が高まった。

1947(昭和22)年4月11日、待望の急行復活が各紙に報じられた。「東海道急行復活18日実施」「東海道、山陽本線直通列車2本が急行として復活し2等車も連結される。客車はこれまでの7～8両連結が17両の長大連結になり急行の旅客輸送力は約2倍半の増強になる」「現行の準急指定1、4、5、8列車(16両編成)についている特殊指定車、荷物郵便車(5～6両)を切り離しこれで急行荷物列車2往復を設定し、手小荷物郵便物の輸送力増強をはかる一方、指定列車(筆者注、乗車券のほかに列車指定証が必要なため指定列車を呼ばれた)を急行として客車だけで東京～大阪17両、大阪～広島14両、広島～門司12両とする」(1947年4月11日 中部日本新聞)東海道、山陽本線直行1、4、5、8列車の客車はこの記事では7～8両となっているが、1月5日付け朝日新聞(東京)では1列車が所定9両、5列車が所定8両となっている。特殊指定車とは連合軍(占領軍)専用車である。連合軍専用列車の時刻が掲載された「占領下の英文時刻表」はこの時期のものが復刻されていないが、この記事によると1～2両連結されていたことになる。

改正は数日遅れて4月24日に実施されたが、復活した急行は2往復とも東京～門司間であった。5月3日には日本国憲法が施行され、急行の復活は「新しい日本」の門出を祝う形となった。

さっそく地元福岡からは博多延長が要望され、それに答えて門鉄局長の談話が発表された。「急行の博多延長実現」「東京発急行1列車(12両)のうち3両を門司で後から来る占領軍荷物車の後部に連結して博多まで延長する。上り4列車も門司まで荷物車に連結し、門司から編成された列車になって東京へむかう」(1947年5月15日、西日本新聞)急行1、4列車の博多延長は5月25日から実施され、門司～博多間は荷物列車73、74列車に併結されたが、6月29日からは同区間は門司港～鹿児島間急行11,12列車に併結されることになった。

17両編成の急行列車出現

急行復活後の1,4列車編成だが、1947年11月時点では荷物車1両、博多発着2等2両、3等3両、門司回転3等8両、下関回転3等1両、大阪回転2等1両、3等1両の17両編成となっている。(「旅」1948年2月号、「一列車雑記」)

あまり取上げられないがこの改正で荷物列車が東京～博多間に2往復(71, 72, 73, 74列車)、上野～直

江津間に1往復（673、672列車）設定された。一般用荷物、郵便車と占領軍用荷物車、専用客車で編成されていたが、慰問団輸送の3等車も1両連結された。慰問団とは各地の占領軍キャンプ地を巡回するいわゆる芸能タレントの一団だが、米軍のために仕事をしているのに座るどころか乗ることすらできないとの苦情が駅などの現場に持ち込まれ、その輸送は鉄道側の悩みのタネであった。

急行復活と同時にいわゆる復員臨時列車（南風崎、早岐～東京、上野間など）が時刻表に掲載され、一般輸送力として活用されるようになった。すなわち、復員船が入港し復員輸送のある時は一般旅客乗車制限となるが、復員輸送のないときは一般旅客に開放することになり、ダイヤ上は毎日運転でも時刻表上では「臨時列車」と表示された。

全国的に急行、準急が復活

だがこの改正は本格的なものではなく応急修正的なものであった。東海道、山陽本線では急行復活など進展がみられたが、他の主要幹線では依然として超満員の直通普通列車だけで運行が続けられていた。全国的に急行、準急が復活するのは同年6月29日（一部は21日）である。この時点での復活急行は次の通り。

東京～博多間1、4列車（東海道昼行、山陽夜行）、東京～門司間5、8列車（東海道夜行、山陽昼行）、東京～大阪間103、104列車（夜行）、門司港～鹿児島間11、12列車（昼行）、上野～仙台間109、110列車（昼行）、上野～秋田間405、406列車（夜行）、上野～青森間207、208列車（常磐線経由、夜行）、上野～金沢間605、606列車（上越線経由、夜行）、上野～新潟間305、306列車（上越線経由、夜行、上野～長岡間は605、606列車と併結）、函館～旭川間7、8列車（夜行）。東京～博多間1、4列車は門司～博多間で門司港～博多間11、12列車に併結され、実質的に東京～鹿児島間の列車だった。

同時に登場した準急行車（準急）列車は次の通り。

大阪～大社間409、410列車（昼行）、高松桟橋～松山間29、26列車（夜行）、高松桟橋～高知間125、126列車（夜行、高松～多度津間は29、26列車に併結）、門司港～宮崎間501、502列車（昼行）、名古屋～長野間803、802列車（夜行）。

7月5日には大阪～青森間507、508列車（北陸線内昼行）が登場している。復活した急行、準急列車には戦後製造のオハ35系が優先的に使用され、「復興整備

車」として窓ガラスが入り、座席や車内灯が整備されていた。

上越線、奥羽本線、東海道本線の電化

戦後の石炭不足に直面した国鉄（当時は運輸省鉄道総局）は戦前、軍部が難色を示していた幹線の電化に着手することになり、1946（昭和21）年2月、上越線（高崎～水上、石打～長岡間）および長年の懸案だった東海道本線沼津以西の電化が着工された。これは軍部の圧力がなくなったことに加え、戦争で壊滅状態にあったわが国の工業力復活の起爆剤にしたいとの思惑も込められていた。

ところが、GHQ（連合国軍総司令部）民間運輸局（CTS）から工事中止が命令された。CTSの鉄道担当官は米国の地方私鉄の出身で電化の経験がなく、鉄道電化への理解が薄かったからとされている。関係者の懸命な折衝の結果、上越線については同年秋、工期1年の条件で工事再開が認められ、突貫工事で翌1947（昭和22）年10月、高崎～長岡間の電化が完成した。これにより北海道と日本海縦貫線、上越線を経由して東京と結ぶ貨物輸送力が増強された。

33‰の急勾配が続き、蒸気機関車（4110形）の老朽化で輸送が困難になっていた奥羽本線福島～米沢間（板谷峠越え）の電化は1946（昭和21）年11月に着工されたが、CTSにより中止が命令され、1948（昭和23）年7月に再開され、1949（昭和24）年4月、福島～米沢間の電化（当時は直流電化）が完成した。

東海道本線沼津以西は上越線と同時に着工されたが、CTSにより中止命令を受けた。電化によりわが国の工業力が復活することを警戒したことが理由とされている。関係者の努力で1948（昭和23）年5月、沼津～浜松間の電化が工期1年の条件で認められ、戦後の悪条件のなかで工事は進み、1949年2月1日沼津～静岡間、5月20日静岡～浜松間の電化が完成し東京～浜松間の直通電気運転が開始された。これが同年9月「特急復活」の原動力となったことはいうまでもない。

浜松以西の電化は昭和24年度からインフレ抑制のためにとられた経済9原則に基づく均衡予算（いわゆるドッジライン）で新規工事は中止され、1951（昭和26）年に再開された。1953年7月名古屋、同年11月稲沢、1955年7月米原と電化は西進し、1956（昭和31）年11月米原～京都間が電化され、待望の東海道本線全線電化が完成した。

06 戦前の水準に戻る急行列車

乗車券発売制限の解除

1948（昭和23）年7月に戦後の本格的ダイヤ改正が行われ、急行、準急が増発されたが、混雑や編成両数の増加でスピードダウンした。この改正で東海道、山陽線急行1、2列車は正式に東京〜鹿児島間列車となり、戦争末期から続いた長距離乗車券の発売制限も全国的に解除された。1949（昭和24）年9月には、戦後初の特急「へいわ」（東京〜大阪間、翌1950年1月「つばめ」と改称）が復活し、東海道夜行急行のうち1往復に「銀河」の愛称がついた。同時に急行券もそれまでの列車指定がなくなり自由販売となった。

戦前のダイヤに戻った1950年10月改正

1950（昭和25）年10月改正で東京〜大阪間特急が8時間運転となって戦前の水準に戻り、東京、大阪と各地を結ぶ急行列車もおおむね1934〜35年の水準に戻った。戦前と異なるのは、朝鮮半島、中国大陸との連絡輸送がなくなったことである。また当時の日本は占領下であるため諸外国との交流も制限され、横浜、神戸での外国航路接続もなくなり、東海道特急の神戸発着が大阪発着になった。特急、急行にはリクライニングシートの特別2等車（特ロ）が連結され、簡易寝台の役割もあり大企業、官公庁の役員、管理職などの出張族から大好評で迎えられた。同年11月には国鉄本庁（本社）で急行列車に愛称が付けられ、前述の「銀河」に加え「明星」「彗星」「阿蘇」「霧島」「雲仙」「筑紫」「安芸」「みちのく」「北斗」「青葉」「日本海」「北陸」が「本社採用第一期生」でほどなく「鳥海」が追加され、「地方採用」として「大和」も加わった。旧海軍、陸軍の戦艦、戦闘機の名前もあり「国破れて国鉄連合艦隊あり」といわれた。翌1951（昭和26）年4月から北海道の急行が「大雪」「まりも」と命名された。この改正での東京〜鹿児島間「霧島」の時刻は次の通りである。

（下り33列車）東京10:00〜大阪20:22/22:40〜門司8:55/9:07〜鹿児島18:00
（上り34列車）鹿児島10:30〜門司19:29/19:45〜大阪8:31/8:40〜東京18:55

戦後の特徴は東京と全国各地を結ぶ急行列車の出現である。1950〜51年に東京〜湊町間の関西本線経由「大和」（鳥羽行「伊勢」を併結）、東京〜宇野間の四国連絡「せと」、東京〜大社間「いずも」、東京〜都城間「たかちほ」が登場し、西日本各県は東京と結ばれ「郷土列車」と呼ばれた。1952（昭和27）年4月にはそれまでの占領軍（進駐軍）専用列車が「特殊列車」となり、日本人も条件付きで乗車できるようになった。

東北、常磐、上信越、北陸方面の急行はおおむね戦前の列車体系を受け継いでいるが、北海道内は樺太（現、サハリン）を失ったため稚内への急行がなくなり、代わり釧路への急行が登場している。

1953（昭和28）年3月、京都〜博多間に特急「かもめ」（昼行）が登場した。当初から東京直通が山陽、九州地区から要望されたが、大阪を有効時間帯に入れての特急設定は困難で実現しなかった。

東海道本線全線電化の1956年11月改正

1956（昭和31）年11月19日、東海道本線全線電化が完成し、東京〜大阪間特急が7時間30分運転となり、東京〜博多間に特急「あさかぜ」が登場した。この「あさかぜ」は大阪を深夜に通過し、東京と広島、山口両県、北九州、福岡を最も便利な時間で結ぶ画期的なもので、これまでの多目的急行の考え方を脱し、列車ごとに明確な使命を与え、可能な限りスピードアップするという思想の始めであった。

この改正で東京〜大阪間に昼行急行「なにわ」が登場した。時刻は次の通り。

（下り11列車）東京9:30〜大阪18:56、（上り12列車）大阪12:50〜東京22:00

この列車は東京を九州直通急行群の前に発車、上りは最後に到着し、東海道線内の乗客を引き受けるもので食堂車も連結し、運転開始以来乗車率が常に100%以上の人気列車だった。東京〜九州間直通急行は7往復運転され、下りの東京駅発車順に10:00「阿蘇」筑豊本線経由熊本行、10:30「西海」佐世保行、11:00「高千穂」日豊本線経由西鹿児島（現・鹿児島中央）行、13:00「霧島」鹿児島行、13:30「雲仙」長崎行（以上

東海道昼行）、20:30「筑紫」博多行、21:45「さつま」鹿児島行二晩夜行（以上東海道夜行、山陽昼行）である。これら東京〜九州間直通急行は、東京〜九州間の直通客のほか、東京〜関西、山陽間、関西〜山陽、九州間、九州内の利用も多く、まさに多目的急行だった。

代表的な東京〜鹿児島間「霧島」「さつま」の時刻は次の通りである。

（下り）37列車「霧島」東京13:00 〜大阪21:50/22:00 〜門司8:46/8:53 〜鹿児島17:10
43列車「さつま」東京21:45 〜大阪8:26/8:40 〜門司20:34/20:48 〜鹿児島5:46
（上り）44列車「さつま」鹿児島23:30 〜門司8:46/8:53 〜大阪19:46/19:52 〜東京6:25
38列車「霧島」鹿児島12:50 〜門司21:07/21:16 〜大阪7:52/8:02 〜東京17:25

「霧島」と関門トンネル開通時の急行7、8列車（旧・「櫻」）は東海道線が全線電化したにもかかわらず所要時間がほとんど同じである。戦前のレベルの高さがうかがえる。

３等寝台車の復活

東京〜関西、山陽、山陰間の夜行急行（定期）は下り東京駅発車順に20:00「明星」大阪行、20:45「安芸」呉線経由広島行、21:00「銀河」神戸行、21:15「瀬戸」宇野行、21:30「月光」大阪行、22:15「出雲」福知山線経由大社行、22:30「大和」関西本線経由湊町行、23:00「伊勢」鳥羽行の順である。これら夜行急行には２等および３等の寝台車が連結されているが、３等寝台車（ナハネ10形）は同年３月に15年ぶりに復活し全国の夜行急行に連結された。３段式、幅52cmだがカーテンで覆われ、寝台灯、枕、毛布、シーツ（下段のみ）が完備し、天井には送風機があり３等のイメージなど吹き飛んでしまい、夜行の３等座席に座ることすら容易でない時代に「横になって寝ていける」魅力は大きく大人気となり寝台券は入手難となった。

上野〜札幌はふたたび24時間台へ

上野発着の急行（東北、常磐、上信越線）は、昼行は上野駅発車順に9:00「青葉」仙台行（秋田行「鳥海」併結）、9:10「白山」長野経由金沢行、9:30「佐渡」新潟行、9:50「みちのく」常磐線経由青森行、13:30「越路」

新潟行、13:40「松島」仙台行の順で、夜行は16:05「北上」常磐線経由青森行、19:15「十和田」常磐線経由青森行、20:10「北斗」常磐線経由青森行、21:00「羽黒」上越、羽越線経由秋田行、21:15「北陸」上越線経由福井行、21:30「津軽」奥羽本線経由青森行、23:00「おいらせ」常磐線経由青森行の順であった。1956年11月時点の北海道連絡の代表的な急行列車時刻は次の通りである。

（下り）
上野9:50（急行201「みちのく」常磐線経由）青森23:43/0:40（青函11便）函館5:10/6:00（急行11「大雪」倶知安経由）札幌11:44/11:50 〜旭川15:01/15:22 〜網走22:13（旭川〜網走間、普通511列車）
上野20:10（急行207「北斗」、常磐線経由）青森9:30/9:50（青函17便）函館14:20/14:50（急行7「まりも」倶知安経由）札幌20:34/20:49 〜釧路7:15/8:05 〜根室11:58（釧路〜根室間、普通427列車）
（上り）
（根室〜釧路間、普通428列車）根室16:15 〜釧路19:56/20:30（急行8「まりも」）札幌7:44/8:00（倶知安経由）函館13:50/14:30（青函18便）青森19:10/19:30（急行208「北斗」常磐線経由）上野9:15
（網走〜旭川間、普通512列車）網走6:18 〜旭川13:23/13:35（急行2「大雪」）札幌16:36/16:45（倶知安経由）函館22:32/23:45（青函12便）青森4:25/5:25（急行202「みちのく」常磐線経由）上野19:20

耐久レースのような急行「日本海」

上野〜金沢間には昼行「白山」（長野経由）、夜行「北陸」（上越線経由）の２本があるが、日本海縦貫線大阪〜青森間の直通急行は「日本海」だけである。「日本海」は戦前と異なり北陸線内夜行で富山以北は日本海沿いを丸一昼夜、耐久レースのごとく走り続け、青森で青函連絡夜行便に接続した。時刻は次の通りである。

（下り501列車）大阪23:00 〜富山7:23/7:34 〜新津12:20/12:26 〜秋田17:45/17:55 〜青森21:50
（上り502列車）青森6:15 〜秋田10:13/10:25 〜新津15:41/15:47 〜富山20:42/20:54 〜大阪5:40

「日本海」は関西〜東北北部、北海道の直通客のほか、大阪〜北陸間夜行、日本海側の都市間連絡と多目的急行を地で行くような列車だったが、表定速度が低く年中混雑しており評判はあまりよくなかった。

利根川への築堤を上るC61 22（白河機関区）牽引の下り急行「青葉」（上野9:00〜仙台15:44）、機関車次位は増結の特別2等車。その後ろの4両（ハ3両、ロ1両）は福島で分割し秋田着21:53（福島〜新庄間快速）。その次の2両は仙台から「みちのく」に連結し青森行。当時の東北本線旅客列車は宇都宮のC59と白河のC61が牽引。
◎東北本線　栗橋〜古河
1955（昭和30）年11月6日
撮影：伊藤威信（RGG）

阿武隈川鉄橋を渡ったC62 9（尾久機関区）が牽引する上り急行「北上」、荷物車の次は当時の2等寝台車マロネ29形。仙台発朝7時で常磐線を延々と走り上野には13時到着。C62は仙台から上野まで362.9kmをロングランした。
◎常磐線　岩沼〜亘理
1958（昭和33）年5月3日
撮影：伊藤威信（RGG）

C62 20（尾久機関区）が牽引する下り急行「みちのく」。C62が上野から仙台までロングランした。客車は下り方3両は仙台で切り離し、3両目は2等車（当時）である。
◎常磐線　赤塚〜水戸
1959（昭和34）年2月1日
撮影：伊藤威信（RGG）

DF50 502（米子機関区）が牽引する急行「出雲」、当時の「出雲」は大阪経由福知山線まわりで東京～山陰間と関西～山陰間の列車を兼ねていた。◎山陰本線　福知山　1958（昭和33）年9月14日　撮影：伊藤威信（RGG）

夕暮れの日本海沿いに走るC57 189（直江津機関区）が牽引する上り急行「日本海」。当時は大阪～富山間が夜行区間で富山以北は日本海側の各都市を結ぶ昼行列車でほとんど単線で速度も低く、関西～新潟、東北北部間の乗客のほか区間利用客も多く年中混雑していた。◎信越本線　青海川　1960（昭和35）年6月6日　撮影：伊藤威信（RGG）

07 戦後の急行黄金時代到来

電車準急、急行の登場

明治以来、特急、急行列車はすべて機関車牽引の客車列車であった。1950（昭和25）年に登場した湘南形80系電車は1951年2月から東京〜浜松間257.1kmで普通電車として運行され世界最長の電車運転といわれたが、性能的には旧型車（釣り掛け式駆動）で騒音、振動の面から優等列車には不向きとされた。1957（昭和32）年10月から全金属製車体の80系300番台で都市間連絡列車としては初の電車優等列車として準急「東海」（東京〜名古屋、大垣間）「比叡」（名古屋〜大阪間）に投入された。

一方、1955年前後から大手民鉄でモーターを台車装荷（カルダン式駆動）にした乗り心地のよい新性能電車が実用化され、国鉄でも東海道本線の全線電化を機に長距離列車の電車化の機運が高まった。1957（昭和32）年に試作された通勤形101系電車は国鉄初の新性能電車でその走り装置はそのまま優等列車に応用可能で、1958（昭和33）年11月から初の151系電車特急「こだま」が登場し、同時に「東海型」153系が登場し準急「東海」「比叡」に順次投入された。電車による急行列車の最初は1960（昭和35）年6月運転開始の「せっつ」（東京8:14〜大阪16:00、大阪14:00〜東京21:44）で、同区間の客車急行9時間前後を1時間以上短縮し電車の優位性は明らかだったが、編成は準急と同じで1等車（後のグリーン車）は「並ロ」サロ153だった。翌1961（昭和36）年3月「なにわ」が電車化され、同時にリクライニングシートの「特ロ」サロ152、「寿司電車」として知られるビュフェ車サハシ153が登場し急行らしい編成になった。これを機に急行の電車化が推進されてゆく。

ディーゼル準急、急行の登場

ディーゼル車（気動車）の優等列車は1955（昭和30）年3月、キハ17系（キハ51、キロハ18）により関西本線名古屋〜湊町間に登場したが（後の「かすが」）、車内はローカル用で「地方私鉄の車」と酷評された。本格的なディーゼル優等列車は1958（昭和33）年4月登場の博多〜小倉〜別府〜熊本間の臨時急行「ひかり」が最初で、キハ55系を使用し、博多〜別府間を2時間54

分で走破し、同じ区間を走る客車急行、準急より速かった。同年8月から定期化されると同時に準急となった。これを機に全国各地にディーゼル準急が走り、その高速運転、煙から解放された蛍光灯の明るい車内は大好評だった。初のディーゼル急行は1959（昭和34）年9月登場のキハ55系「みやぎの」（上野〜仙台間、常磐線経由、上野7:10〜仙台12:42、仙台17:10〜上野22:38）で東京〜仙台間の日帰りを可能にした。

1961年には急行用キハ58系が登場し、リクライニングシートの1等車キロ28が連結され、客車急行、準急が次々とキハ58系ディーゼル急行に置き換えられた。

明治以来の1、2、3等の3等級制は1960（昭和35）年7月から1、2等の2等級制となった。

戦後最大の1961年10月ダイヤ改正

1961（昭和36）年10月1日、戦後最大といわれたダイヤ改正が行われた。これまでのダイヤをご破算にして「白い紙」に新たに書き直すことから白紙（はくし）改正ともいわれ、全国各地にディーゼル特急が増発された。この改正の翌1962（昭和37）年6月時点の客車急行、準急の一覧を「別表2」に記すが、客車急行、準急列車の多さに驚く。電化された東海道線は電車急行、準急が大増発されたが、それ以外の線区は電化もそれほど進んでおらず、機関車牽引の客車列車が依然として主力だった。

（東海道、山陽、九州線）

東海道本線は電車急行の大増発に伴い、東海道昼行の東京〜九州間直通急行は3往復となり停車駅も削減され東京〜大阪間が約8時間となり電車急行との差は約30分となった。東京〜九州間は寝台特急（ブルートレイン）にビジネス客や観光客が流れ、急行は「時間を気にしなくてもいい」学生や高齢者が多く、庶民的なのんびりした雰囲気が漂っていた。東京と鹿児島を結ぶ「霧島」（鹿児島本線経由）、「高千穂」（日豊本線経由）は24時間以上走り続け大陸横断列車を連想させた。この改正で九州主要都市から東京、関西への急行が1本ずつ運転され、特に関西への旅が楽になった。名古屋〜九州間急行の出現も特筆される。これまで名古屋を始発終着とする優等列車は東京、関西方面およ

び紀勢線、中央西線など中距離だけで、山陽、九州方面への始発列車は初めてであった。これは中京工業地帯の発展で九州方面から集団就職などが増え、名古屋対山陽、九州方面の交流が盛んになったからで人の流れの変化を物語るものである。

（東京〜関西間）

東京〜大阪間は電車特急6時間30分だったが、日帰りはさすがに無理で、昼の移動はほぼ1日つぶれるため特にビジネス客は夜行急行の利用が多く夜の東京駅からは寝台専用列車4往復および輸送力列車である自由席中心の夜行電車急行、客車急行が10分間隔で踵（きびす）を接するように次々と発車した。10分間隔の間には貨物列車（輸送力貨物列車の最高速度は65km/h）が入るため平行ダイヤで、60〜70km/hで走り、所要時間は10時間30分前後（表定速度53km/h）で戦前とあまり変わらなかった。

寝台専用列車（寝台列車）の定義は「全車寝台車または寝台車を主体に編成された列車で、座席車もすべて指定席である列車」で「銀河」「明星」「彗星」「月光」はじめ定期5往復が運転されている。1等寝台にはA、B、Cの3種があり、1等Aが冷房付個室（マロネ40の2人用個室）、1等Bが冷房付開放型（いわゆるプルマン式、マロネ40の開放室、マロネ41、オロネ10）、1等Cがそれ以外の非冷房タイプ（戦前製のマロネ29など）だった。東海道夜行急行に連結のマロネ40型1等寝台A個室は大企業の役員御用達であった。

（日本海縦貫線）

大阪〜青森間急行「日本海」は1961（昭和36）年10月改正時から白新線経由となり新潟経由となった。大阪発時刻も繰り上がり（上りは繰り下げ）夜行区間が大阪〜新潟間になり、青函連絡船も夜行便ではなく夕刻の便（上りは早朝の便）に接続し、道内は準急「たるまえ」利用で大阪から3日目の早朝に札幌に到着した。1962（昭和37）年6月に北陸トンネルが開通したが、電化は福井までで10分程度速くなったが青森の時刻は変わらなかった。

（東北、常磐、上信越線）

上野〜青森間は常磐線経由が主体である。これは平坦線で勾配がなく蒸気機関車時代は有利であったこと、平（現・いわき）まで複線だったことが理由である。

寝台専用列車は「北上」「北斗」の2往復でディーゼル特急「はつかり」（青函連絡夜行便接続）とともに北海道連絡の主要列車だった。1960（昭和35）年から東京（羽田）〜札幌（千歳）間にジェット機が就航したが、片道12,200円で1962（昭和37）年時点の大卒初任給平均約18,000円、常用労働者の平均給与額約33,000円と比べて著しく高く一般的な交通機関とはいい難く、対北海道は国鉄利用が中心だった。

東京（上野）と東北、信越、北陸の主要都市間には昼行および夜行急行が運行されている。上野〜仙台間には昼行客車急行が4往復運転され、磐越西線、奥羽本線への列車を併結している。この併結運転が東北の特徴で現在の東北新幹線「つばさ」「こまち」につながっている。

（北海道内）

函館〜釧路間の「まりも」は札幌で乗客の大半が入れ替わり、札幌〜釧路間で1等B寝台車と2等寝台車が連結された。函館〜札幌間はC62型蒸気機関車が牽引し、長万部〜小樽間はC62重連で勾配区間を疾走した。後年SLファンにとって大人気になった。

客車急行の電車化

東海道本線以外でも客車急行の電車化は進んだ。東北本線上野〜仙台間は1962（昭和37）年10月から「みやぎの」が交直両用451系となり（秋田行「鳥海」は郡山まで「ばんだい」と併結になる）、2年後の1964（昭和39）年3月から上野〜仙台間の急行が全面的に電車化された。上信越線では1962年6月から電車急行1往復（下り「弥彦」、上り「佐渡」）が登場したが湘南形80系で、1等は向い合せ座席の「並ロ」サロ85で史上最低の急行といわれたが、翌1963年（昭和38）年3月下旬から暫定的に165系（1等車は「並ロ」サロ153）となり、6月から上野〜新潟間の急行が全面的に165系電車となった。北陸本線では1963年4月、金沢までの電化完成で大阪〜金沢間に交直両用471系の電車急行が登場した。これら東北、上信越、北陸の電車急行にはリクライニングシートの「特ロ」（サロ165、サロ451）とビュフェ車（サハシ165、サハシ451）が連結され麺類（そば、うどん）コーナーがあった。

東海道新幹線開業と客車急行

1964（昭和39）年10月、東海道新幹線が開通し「ひ

かり」4時間「こだま」5時間で結んだ。この改正で東海道本線の電車特急が全廃されたが、急行、準急は昼行、夜行ともかなり残った。これは料金の高い新幹線がどれだけ利用されるか「未知」であったこと、新幹線の通らない地域への配慮があったからである。東京～九州直通急行は「霧島」「雲仙・西海」「高千穂」の3往復が残り、山陽・山陰への「出雲」「瀬戸」「安芸」も残り、東京～宇野間に寝台専用「さぬき」が増発された。乗換えのない東京直通列車を残す配慮があったと思われる。東京～関西間の夜行急行は寝台専用列車がかなり残ったが、自由席連結の夜行急行は「瀬戸」と「第2いこま」(電車)だけで、夜行高速バスのなかった時代でエコノミー指向の利用者が集中し乗車率150%になる日もあった。「国鉄は安い列車を減らし新幹線に無理やり乗せようとする」との不満の声も聞こえた。

東京～博多間の東海道夜行、山陽昼行の「筑紫」は大阪～博多間の昼行急行「つくし」(大阪8:10～博多19:37、博多9:17～大阪20:56)となって残った。名古屋、関西からの九州直通急行にも変化がなかった。山陰方面では大阪～大社間に夜行急行「しまね」(翌1965年10月から「おき」と改称)が登場した。それまでの大阪～浜田・大社間夜行普通列車を急行に格上げしたものであるが、これは急行にして地域のイメージアップを図りたいとの地元(山陰地方)の強い要望で実現したものである。

上野発着の東北、常磐、上信越方面は、仙台、新潟、長野方面の昼行急行は電車化されたが、それ以外の客車急行は大筋において変化がない。

翌1965(昭和40)年10月改正では山陽本線に昼行電車特急、急行が増発された。客車急行「つくし」は電車化され、名古屋発着「さつま」も名古屋～博多間の長距離電車急行「はやとも」になった。いずれも交直流475系電車である。山陰方面ではこの改正で大阪～浜田・大社間の客車急行「三瓶」がディーゼル化(キハ58系)された。昼行の客車急行は次第に減り、客車急行は夜行中心になってゆく。

1968(昭和43)年夏には函館～札幌間(室蘭、千歳線経由)のディーゼル急行「アカシヤ」がDD51重連牽引で客車化され、「アカシヤ」のディーゼル車は夏季輸送臨時列車に転用された。

(201列車)函館7:30～札幌12:37、(202列車)札幌

15:05～函館20:27

これは同年10月改正から北海道で運転開始される隅田川～札幌貨物ターミナル間の高速貨物列車牽引用として五稜郭機関区に配属されたDD51の練習運転を兼ねたものである。

急行、準急の一本化

1960年前後になると各地でディーゼル準急が増発され、同じ区間を走る客車急行より速いケースも現れた。一例をあげると1961(昭和36)年10月時点で博多～西鹿児島間では下り準急「第1かいもん」の5時間26分(博多8:45～西鹿児島14:11)に対し、下り「霧島」は6時間18分(博多7:07～西鹿児島13:25)であった。また各地で新設されたディーゼル急行が同じ区間のディーゼル準急と所要時間が大差ないケースも現れ、急行、準急の区別があいまいになって来た。料金は1961年4月の改定時から準急行料金(2等)は距離にかかわらず100円に対し、普通急行料金(2等)は300キロまで200円、301キロ以上300円だった。ちなみに当時の駅弁(幕の内弁当)は100円である。そこで、1966(昭和41)年3月の運賃改定時に100km以上を走る準急はすべて急行になり、100km未満は準急のまま存置されたが時刻に変更はなかった。料金も急行料金に一本化され準急(100km未満)には100kmまでの急行料金が適用された。その結果、九州から関西、東京方面へ長距離急行に九州内だけ乗車する乗客も目立ってきた。準急の列車種別は1968年10月改正時に急行(普通急行)に一本化され、準急の列車種別は消滅した。

急行「利尻」には1等座席(並ロ)と1等C寝台(ツーリスト形)の合造車マロネロ38が連結され「最後の1等C寝台」だったが1966(昭和41)年2月から1等B寝台と2等寝台の合造車オロハネ10となった。◎宗谷本線　南稚内　1970(昭和45)年3月　撮影:隅田衷

C59 31（熊本機関区）が牽引する下り急行列車。「阿蘇」（名古屋発）か「天草」（京都発）のいずれかで機関車の次はスハフ43
（2等指定席）、オロネ10、スロ60、スロ51、スハネ30、ナハネ11の順である。「阿蘇」「天草」は名古屋客貨車区（名ナコ）の担
当で共通運用だった。1965（昭和40）年10月、熊本まで電化され、蒸気機関車は姿を消した。
◎鹿児島本線　木葉〜田原坂　1964（昭和39）年11月　撮影：村樫四郎

東海道本線全線電化時、特製ヘッドマークを付けて下り特急「つばめ」を牽引した名機EF58 57（宮原機関区）が牽引する上り
不定期急行「第2日向」。ここは22.6‰勾配で山陽の険といわれ、画面には入らないがEF59形の補機が付く。「第2日向」は
広島発4:38だがこの日は3時間遅れで撮影できた。編成中にスハ32が入り、1等車はスロ54である。
◎山陽本線　瀬野〜八本松　1966（昭和41）年12月27日　撮影：荒川好夫（RGG）

08 急行から特急へ、特急時代の到来

特急大増発の1968年10月改正

　1968 (昭和43) 年10月1日「よんさんとう」と呼ばれる全国ダイヤ改正が行われた。東北本線全線電化完成に伴う東日本の抜本的改善、特急大増発が主眼だが関西〜九州間でも特急 (昼行、夜行) が増発された一方、客車急行は整理、統合が目立った。この1968年10月改正時の客車急行の一覧を「別表3」に記すが、1969 (昭和44) 年5月の運賃改定時に従来の1等、2等の区別がなくなり、モノクラス (単一等級) となり、1等車がグリーン車、1等寝台がA寝台、2等寝台がB寝台になったため、新しい設備名が記載された1969年7月号時刻表を参考にした。

(東海道、山陽、九州方面)

　この改正で東京〜九州間の直通急行は急行利用の直通旅客の減少を理由に「霧島・高千穂」1往復に集約され、座席車と食堂車だけの編成になった。同時に東海道電車急行「なにわ」2往復、夜行「いこま」も廃止された。その背後には在来線優等列車を廃止して新幹線への誘導をはかる国鉄の営業政策があった。ただ、学校の長期休暇時には学生などエコノミー指向の乗客が増えるため「ながさき」「桜島」が運転された。「ながさき」は修学旅行などの団体輸送を兼ねた列車で寝台列車として運転される日もあった。

　東京〜関西間の夜行急行は「銀河」2往復で約半分が座席車である。「銀河2号」は普通車自由席が連結され、東京〜大垣間夜行普通電車とともに東海道の安い移動を支えた。東京〜大阪間は約9時間30分で1961 (昭和36) 年10月時点より1時間速くなっている。これは貨物列車の最高75km/h化で可能になった。翌1969 (昭和44) 年6月からは東名高速道の全通で東京〜京都、大阪間に国鉄夜行高速バス「ドリーム号」が登場し、夜の東海道に新しい選択肢が加わった。

　関西〜九州間夜行列車は寝台特急が増発され毎時2本が続行するかたちになった。これは待避設備を増設し、輸送力貨物列車を最高75km/hとし夜行時間帯のダイヤを1時間単位の規格ダイヤ化 (パターン化) す

ることで実現した。その結果、夜行急行列車も大阪〜下関間で約40分スピードアップされた。

　この改正で大阪〜大分、佐世保間などに団体輸送を兼ねた季節急行列車 (夜行) が登場した。これまで運転されていた「観光団体専用列車」を統合して季節急行にしたもので、春、秋の観光シーズンなどは修学旅行などの団体輸送のため寝台列車として運行され、夏、冬の多客期や大型連休時には座席車中心の輸送力列車として運行された。

(北陸、日本海縦貫線)

　大阪〜青森間に寝台特急「日本海」が登場し、それまで2夜行を要した大阪〜札幌間が1夜行になった。一方、従来の急行「日本海」は「きたぐに」と看板を塗り替えただけで時間帯もそのまま残り食堂車も連結されたが、寝台車は大阪〜新潟間だけとなった。大阪と日本海側諸都市を結ぶ使命とともに、大阪〜新潟間の夜行、新潟〜青森間の都市間連絡の使命が重なる多目的急行の性格は変わらなかった。大阪〜金沢、富山間は電車特急、急行が中心になっていて昼行の客車急行は臨時列車だけである。

(東北、常磐、上信越方面)

　1968 (昭和43) 年10月改正では東日本において大幅な輸送改善が行われた。東北本線の全線電化完成で上野〜青森間は電車特急 (583系) が8時間30分となり、客車急行も大幅にスピードアップされた。特に昼行の「十和田1号」(常磐線経由) は上野〜青森間11時間35分、夜行の「八甲田2号」(東北本線経由) は11時間15分 (いずれも下り) で改正前の客車寝台特急とほぼ同じ所要時間になった。同区間の夜行は常磐線経由が主体であるが愛称が「十和田」に統一され季節列車が3往復登場した。この季節列車は関西〜九州間と同様に観光団体専用列車を統合したもので、観光シーズンには北海道や十和田方面への大口団体 (修学旅行など) の寝台列車として運転され、多客期には座席夜行として運転された。

　上野から出ていた奥羽本線方面への昼行の定期客

車急行「たざわ」(以前の「鳥海」上野〜秋田間、食堂車連結)、「ざおう」(下り第2、上り第1)(上野〜山形間)はディーゼル化、電車化され、夜行列車だけになっている。「出世列車」津軽(上野〜青森間)は2往復が運転されている。

上信越北陸方面は「白山」(上野〜金沢間)が昼行客車急行(定期)として残った。これは碓氷峠(横川〜軽井沢間)の急勾配に加え、直江津〜糸魚川間が非電化だったからである。そのほかは夜行列車だけである。

(北海道方面)

函館〜釧路間の急行「まりも」は1965(昭和40)年10月改正時から函館〜札幌間と札幌〜釧路間に分割されている。函館〜札幌間の急行「ニセコ」(下り3号、上り1号)は昼行の客車急行となっているが本州から青函航送された荷物車、郵便車を連結するためディーゼル化できなかった。日本最大の蒸気機関車C62牽引で、長万部〜小樽間はC62重連で、その勇壮な姿を撮影のため全国からSLファンが集まった。札幌〜釧路間の「狩勝」(下り4号、上り3号)は寝台列車だが、併結の荷物車、郵便車と普通座席車2両は普通列車に連結され根室まで運転された。

1970年大阪万博と12系客車の登場

1970(昭和45)年に大阪千里丘陵で開催された日本万国博覧会(大阪万博)では臨時列車が多数運転された。1968(昭和43)年時点での観客予想は約3000万人でうち国鉄利用は1300〜1400万人とされ、国鉄では1968年10月改正の直後から次の目標として「万博輸送」が浮上した。全国からの観客のため新幹線「ひかり」16両化が実施され、万博輸送の臨時列車用として新型客車12系が328両製造された。12系客車は冷房付、自動ドアで急行型電車と同じ車体でこれまでの客車の概念を変えた。12系客車登場の理由は(1)客車は特急寝台車の除き10年以上製造されず陳腐化が進んでいる、(2)臨時列車、団体列車など波動輸送用の車両は年間を通じた稼働率が高くなく、高価な電車、ディーゼル車を充当することは得策でない、(3)客貨両用の機関車が増え、機関車を旅客、貨物に共通使用することで経費を抑えられる。

大阪万博は1970年3月15日から開催され、12系客車を使用した臨時急行列車が多数運転され、同年9月13日、観客6421万人を記録して終了した。この万博で客車急行史上傑作とされる列車が登場した。「エキスポこだま」である。大阪発の東京行夜行急行「銀河1号、2号」、12系客車の臨時「銀河71号」、国鉄夜行バス「ドリーム号」が連日満席のため、大阪から東京への夜行臨時急行が急遽計画されたが、全国から捻出できた客車(スハ43系)は12〜13両であった。東京まで運転すれば2編成必要なので6両編成となるが、それでは賄いきれないため1編成12〜13両で連日運転することになった。大阪から三島まで座席指定急行で運転し、ただちに昼行で三島から大阪まで回送し、その夜の同じ列車に使用された。三島から新幹線回送列車を客扱いして東京まで継送した。時刻は次の通り(運転日は4月29日〜5月31日、7月3日〜9月13日)

(急行9118列車)大阪22:58〜三島6:53, 三島発7:05「こだま492号」に接続、東京着8:10.

寝台急行の特急格上げ

1970(昭和45)年秋、国鉄ではディスカバージャパン(Discover Japan日本再発見)と称したキャンペーンを始めた。万博のために増強さた輸送力を活用し、「旅」の需要を創出するためでもあった。同年10月、鹿児島本線が全線電化され京都〜西鹿児島(現・鹿児島中央)間に583系の寝台電車特急「きりしま」が登場し、それまでの急行「霧島」は「桜島」と改称された。この改正時に東京〜広島間の寝台急行「安芸」が東京〜下関間の寝台特急「あさかぜ」(下り3号、上り1号、通称：下関あさかぜ)に格上げされる形で廃止された。「安芸」は呉線経由で広島着12:15、広島発15:00だったが、東京を6時に発てば新大阪から特急乗継で広島へは13:49。上りは「安芸」より遅く15:20に広島を発てば東京着23:15。これでは利用者が減るのはあたりまえで「ガラあき」と呼ばれていた。

1972年3月改正で昼の客車急行は「ニセコ」だけに

1972(昭和47)年3月改正は山陽新幹線新大阪〜岡山間開通に伴うもので、岡山での新幹線と山陽、山陰、四国方面への接続体系が確立した。東京〜四国間は新幹線利用で大幅時間短縮になり、「瀬戸」は1往復になり寝台特急となった。同時に東京対山陰(米子、松江)は岡山から伯備線特急「やくも」乗り継ぎが基本となり、「出雲」も寝台特急となった。その結果、米子、松

江へは昼前到着が朝到着になり大幅に改善された。九州では日豊本線夜行普通列車を急行に格上げした「みやざき」（門司港〜西鹿児島、宮崎〜西鹿児島間普通）が登場したが、所要時間はあまり変わらず、急行料金を取るための格上げといわれた。

この改正で昼行の客車急行「十和田1号」「白山」が電車特急に格上げされた。これは1969年頃に国鉄本社サイドで今後は急行を減らし（将来的には全廃）中長距離は特急に、近距離は快速にするとの営業方針が決まったからである。その理由は1968（昭和43）年10月改正での特急大増発の結果、乗客の特急指向が明らかになり、向い合せ座席の急行は敬遠される傾向がでてきたからとされたが、特急化による増収ねらいであることは明らかである。これに伴って急行型車両の製造は例外的なケースを除いて1971（昭和46）年限りで打ち切られた。これで昼行の客車急行（定期）は北海道の「ニセコ」（下り3号、上り1号）だけとなった。この「ニセコ」は前年1971年9月に牽引機がC62からDD51となり、沿線を埋めていた「撮り鉄」が姿を消した。

日本海縦貫線電化と「桜島・高千穂」の終焉

1972（昭和47）年10月には羽越本線、白新線の電化が完成し、米原〜新潟〜青森間の日本海縦貫線が全線電化され、上野〜新潟間寝台急行「天の川」が秋田まで延長された。急行「きたぐに」も全区間電気機関車牽引（米原〜田村間を除く）となり、下りが1時間10分、上りが50分スピードアップされたが、同年11月6日未明、北陸トンネル通過中の下り「きたぐに」食堂車（オシ17）から出火、列車はトンネル内で停止し、多くの乗客が煙に巻かれ死者30人、負傷者（多くは一酸化炭素中毒）714人ををだす大惨事になった。これを機に「きたぐに」と「十和田」（下り2号、上り3号）に残っていたオシ17が外され、急行から食堂車が消滅し、長大トンネルでの安全対策が推進された。翌1973（昭和48）年10月から「きたぐに」と「音戸」（下り2号、上り1号、京都〜広島間）の普通車が12系客車となった。

急行「桜島・高千穂」は最後の3年間は食堂車の連結もなく座席車だけの平凡な編成で、東京〜九州間の直通客は少なく関西〜九州北部間の夜行利用客が多かった。最後の「桜島・高千穂」は上りが1975（昭和50）年3月6日西鹿児島発、8日東京発でグリーン車は外され、座席車だけの団体臨時列車のような編成だった。

新幹線博多開業の1975年3月改正

1975（昭和50）年3月10日、山陽新幹線岡山〜博多間が開業し、東京〜博多間は「ひかり」が最短6時間56分で結び、長時間乗車に対応して食堂車も連結された。東京〜九州間寝台特急はおおむね存置されたが、急行「桜島・高千穂」はついに廃止された。この改正における客車急行は別表4の通りである。

（東海道、山陽、九州方面）

関西〜九州間は寝台特急（客車、電車）が中心になったが、夜行急行は「雲仙・西海」「阿蘇」「くにさき」の3往復が残り14系座席車で全車指定席になった。これは新幹線開業を期にいわゆる波動輸送は新幹線で行い、夜行は特急、急行ともに定員輸送にするとの方針があったからである。14系座席車使用は上野発着の東北、常磐、上信越線の夜行急行が旧型客車だったことを考えると破格のサービスで、国鉄の西日本優先体質が表われている。

この3往復の急行の大阪〜下関間は9時間40〜50分で1968（昭和43）年10月時点と変わっていない。全車指定席は不評で空席が多く空気輸送同然だったが、新聞の連載記事で問題視されたこともあり、1975（昭和50）年12月から一部自由席となりワイド周遊券利用者にとって朗報だった。

東海道夜行急行「銀河」はこの改正から1往復（10系寝台車）になり、普通指定席車も2両連結されている。山陰方面は寝台列車「だいせん」（下り2号、上り3号、指定席連結）、山陰西部の夜行「さんべ3号」、九州内は「かいもん4号」（鹿児島本線経由）、「日南4号」（日豊本線経由、改正前は「みやざき」）が運転されている。

（北陸、日本海縦貫線および上信越方面）

北陸本線はこの改正から特急、急行（一部）が湖西線経由となった。「加賀」は臨時だが週末および多客期に運転される「温泉列車」で14系客車だった。日本海縦貫線「きたぐに」は普通車が12系客車になり日本最長距離の急行になった。上信越方面は上野〜金沢間寝台急行「北陸2号」が寝台特急「北陸」（上越線経由）となったが、改正前の「北陸2号」とほぼ同じ時刻で

「能登」（上越線経由）が運転されている。「能登」は
AB寝台、グリーン車、普通車指定席、自由席そして荷
物車を連結した「フルセット」の列車で、所要時間も「北
陸」と比べ下りが16分、上りが46分長いだけだった。
両者の時刻を比べると次の通りだが、「北陸」は中古
の20系客車で、高い特急料金を取られたうえで朝早く
起こされ、実質的値上げといわれたが乗車率は高かっ
た。夜行高速バスがなく夜の競争相手がなかったから
である。

（下り）（特急「北陸」）上野21:18 ～金沢6:05、（急行「能
登」）上野21:48 ～金沢6:51
（上り）（特急「北陸」）金沢21:00 ～上野5:45、（急行「能
登」）金沢21:07 ～上野6:38

　　上信越、羽越方面はほかに「越前」「鳥海」寝台列車
「天の川」「妙高5号」だけである。

（東北、北海道方面）
　　上野～青森間の夜行は寝台特急中心になり、常磐線
経由の寝台特急「ゆうづる」（客車）は「十和田」の季
節列車を格上げする形で増発され、北海道への大口団
体（修学旅行など）も「ゆうづる」に移行した。「十和田」
は減少し定期2往復、季節1往復が運転されているが、
季節「十和田」（下り1号、上り3号）は座席車12両編
成（うち6両が指定席）で12系客車になった。東北本
線経由「八甲田」は旧型客車だが上野～青森間11時
間5分（下り）で常磐線回り寝台特急「ゆうづる」の10
時間30 ～ 50分とあまり変わらず、仙台～青森間でB
寝台車を連結した。寝台列車は「北星」（上野～盛岡間）
が特急に格上げされ、「新星」（上野～仙台間）だけに
なり、上り「新星」は仙台で21時55分から寝台を利用
できた。
　　奥羽線方面は「津軽」2往復、季節「おが」1往復
が引き続き運転されているが、主力は寝台特急「あけ
ぼの」であり急行は補助的な存在になっている。
　　北海道方面では最後の昼行客車急行「ニセコ」（下り
2号、上り1号、小樽経由）が相変わらず運転され、夜
行では「すずらん4号」（室蘭千歳線経由）、「利尻」「大
雪5号」寝台列車「狩勝」（下り4号、上り3号）が運転
されている。当時の北海道内は高速道路が整備される
前で高速バスがなく、道内の移動は国鉄が中心だった。

国鉄運賃大幅値上げと国鉄離れ

　　1970年代後半から80年代初めまでは国鉄経営の危
機が進行し、電化、複線化なども局地的で「減量経営」
が合言葉になりダイヤ改正のたびに列車が削減され
た。1975（昭和50）年11月には特急、急行料金、グリー
ン料金、寝台料金が約32%値上げされたが、翌1976
（昭和51）年11月には運賃が約50%（旅客50.4%、貨物
53.9%）値上げされた。これで国鉄と航空との運賃格
差が縮まり、区間によっては逆転し長距離旅客のかな
りが飛行機に転移した。飛行機の快適さを一度味わっ
た乗客は鉄道には戻ってこない。特に影響が大きかっ
たのは関西～九州間で、この区間の寝台特急は航空へ
の競争力をほぼ失った。
　　客車急行については、旧型客車や10系寝台車の20
系、12系、14系客車への置換えが徐々に進んだ。東海
道「銀河」は1976年2月から特急の「お下がり」20系
寝台車になり、座席指定車がなくなった。これで東海
道の夜の安い移動手段は東京～大垣間夜行普通電車と
国鉄夜行バス「ドリーム号」だけになった。引き続き
同年10月からは寝台急行「新星」「天の川」が20系寝
台車になり、季節「十和田」（下り1号、上り3号）が14
系座席車となった。翌1977年10月からは定期「十和田
2号」が20系寝台車に置き換えられたが、普通座席車
（自由席）は3両だけでA寝台ナロネ21を改造（上段寝
台を撤去）したナハ21が連結された。一部車両は改造
が間に合わずナロネ21が座席使用で連結されることも
あった。日によっては通路までぎっしり満員のことも
あり、乗客からは「なんだこの車は1等寝台じゃないか」
との声もあがった。20系の急行格下げは続き、翌1978
（昭和53）年3月から九州の夜行急行「かいもん4号」
「日南4号」のB寝台車が10系寝台車から20系寝台車
となり、12系客車と20系寝台車の併結となった。

東日本中心の1978年10月改正

　　1978（昭和53）年10月改正は東北、上越新幹線開業
の遅れに対応した東日本中心の改正で、この改正で東
北本線（上野～宇都宮間）および高崎線で特急のスピー
ドダウンが行われ、列車の「号数」も同じ愛称の列車
が2往復以上の場合は下り奇数、上り偶数（新幹線と同
じ）になった。
　　関西～九州間の急行は「雲仙・西海」と「阿蘇・く
にさき」の2往復となった。山陰への寝台急行「だい

せん」（下り2号、上り3号）が20系寝台車になり座席指定車はナロネ21改造のナハ21となり、米子〜博多間の「さんべ3号」も12系座席車と20系B寝台車の併結になった。

さらに大阪〜長野間のディーゼル急行「ちくま」（下り2号、上り3号）が客車化され12系座席車と20系B寝台車が連結された。ディーゼル急行の客車化は珍しい。

(4803列車ちくま5号) 大阪22:20〜長野6:49、(4802列車ちくま4号) 長野20:31〜大阪5:49

これで中央西線の夜行客車急行は「きそ」（下り7号、上り6号、10系B寝台車連結）と2往復になった。日本海縦貫線「きたぐに」はグリーン車（スロ54）が外され12系客車と10系寝台車（大阪〜新潟間）の編成になり、上野発着列車では「津軽」2往復の座席車が12系化され10系寝台車との併結になった。翌1979（昭和54）年4月には「八甲田」が12系座席車になり、9月末からは「十和田」（下り5号、上り2号）が12系化され、この両列車からグリーン車（スロ62）が外されている。

EF58 108（宇都宮運転所）が牽引する旧形客車の上り急行八甲田。機関車の次に郵便車オユ10とスニ41が連結されている。「八甲田」は1979年4月から普通車が12系化されグリーン車（スロ62）が外された。
◎東北本線　栗橋〜久喜
1979（昭和54）年7月23日
撮影：太田正行

ED75が牽引する20系客車となった下り急行「十和田2号」。1977（昭和52）年10月から旧形客車に代わり20系の寝台車と座席車（ナハ21）になった。
◎東北本線　滝沢～渋民
1980（昭和55）年5月
撮影：山田 亮

特急「日本海」登場後も急行「きたぐに」は日本海縦貫線の輸送力列車として運転され、「桜島・高千穂」廃止後は日本最長の急行列車だった。EF81が10系寝台車と12系座席車、青函航送される郵便車を牽引し、塚山峠のトンネル付近を走る。
◎信越本線　長鳥～塚山
1980（昭和55）年8月
撮影：隅田 衷

EF58 151（宇都宮運転所）が牽引する12系客車の上り急行「八甲田」。機関車の次にスニ41が連結されている。「八甲田」は1979（昭和54）年4月から普通車が12系化されグリーン車（スロ62）が外された。後方は東武日光線の築堤。
◎東北本線　栗橋～久喜
1979（昭和54）年7月
撮影：太田正行

09 絶滅危惧種となった客車急行

1980年10月、減量ダイヤ改正

　1980（昭和55）年10月改正は戦時中や敗戦直後を除くと初の減量ダイヤ改正で、関西〜九州間夜行急行が全廃された。「年間乗車率30％程度では廃止せざるを得ない」が理由であったが、30％としても毎日片道400〜500人程度の利用があったわけで、高速バス15〜20台の輸送量で決して少ない数字ではない。当時は中国高速道路が全通しておらず夜行バスはなく、これらの乗客はまさに切り捨てられたことになる。巨額の累積赤字や悪化する労使関係に苦しんでいた当時の国鉄上層部にとって「減量経営」は至上命令で存続させる余裕はなかったからであろうが、国鉄は公共性を放棄したといわれても仕方がなかった。この改正で函館〜札幌間（室蘭千歳線経由）の夜行「すずらん」（下り5号、上り6号）が廃止され、この区間は夜行普通列車だけになった。札幌〜釧路間の寝台急行「狩勝」（下り7号、上り8号）は普通座席車2両のうち1両が自由席になった。これは小樽〜釧路間の夜行普通列車（B寝台車連結の「からまつ」）廃止に伴う措置で、当時は札幌〜道東間の夜行バスもなくかなり強引な改正だった。

　1980（昭和55）年10月時点で、10系寝台車と旧型座席車を連結した夜行急行は「能登」「越前」「鳥海」「妙高」（下り9号、上り10号）「きそ」（下り7号、上り8号）および北海道内だけである。10系寝台車（オロネ10、スハネ16、オハネフ12）は「きたぐに」の大阪〜新潟間および「津軽」（1〜4号）にも連結されている。この改正で客車グリーン車（スロ62）は「津軽」から外され、「能登」「越前」「鳥海」と北海道内だけに残った。季節「おが」（下り3号、上り4号、上野〜男鹿間）はこの改正から14系座席車になっている。

　北海道では翌1981（昭和56）年2月、最後の昼間客車急行だった「ニセコ」が本州から転属の14系座席車（14系500番台）に置き換えられ、転属にあたり耐寒耐雪工事が行われドアが折り戸から引き戸に改造されている。同時にグリーン車（スロ62）は外された。同年10月、石勝線開通で札幌〜釧路間夜行「狩勝」（下り7号、上り8号）は石勝線経由となり「まりも」（下り3

号、上り4号）と改称されている。

東北・上越新幹線開通と客車急行

　東北新幹線は大宮以南の用地買収の遅れから大宮〜盛岡間が1982（昭和57）年6月23日に開業したが、暫定開業で必要最小限の本数であった。同年11月15日、全国ダイヤ改正が行われ上越新幹線大宮〜盛岡間が開業し、東北新幹線も増発された。上野〜大宮間に185系の新幹線連絡「新幹線リレー号」が登場した。

　この改正で全国の夜行急行から旧型座席車が姿を消し、夜行急行の整理、統合が行われた。「きたぐに」は大阪〜新潟間に短縮され、新潟で電車特急「いなほ」（下り3号、上り8号、新潟〜青森間）に接続した。上越、羽越線関係では「鳥海」が寝台特急「出羽」に格上げされる形で廃止された。「天の川」は20系寝台急行のまま残ったが、自由席連結の夜行急行「鳥海」がなくなったことで山形県庄内地方（鶴岡、酒田）から不満の声があがった。上信越線では「能登」と「越前」は統合され長野経由の「能登」（上野〜金沢間）1往復となり、14系寝台車と14系座席車になった。上野〜直江津間の「妙高」も夜行の客車1往復だけが残り、14系寝台車と14系座席車の編成になった。この改正で「鳥海」「能登」「越前」および北海道内急行に連結されていたグリーン車（スロ62）も外され、客車のグリーン車はお座敷客車などを除いて全廃された。

超満員の「津軽」と10系寝台車の引退

　東北、常磐、奥羽方面では「八甲田」「十和田」が各1往復だけになりいずれも12系座席車だった。「津軽」は1往復になり「十和田」（改正前の下り3号、上り4号）の20系編成（20系寝台車と座席車ナハ21）が転用されたが自由席は3両だった。折から季節労働者が上京するシーズンと重なり超満員となり途中駅では乗車不能の事態になった。急遽、B寝台車2両を座席扱い（寝台セットせず）とした。14系客車の季節「おが」は運転日が大幅に減り、この時期は運転されていなかった。需要予測の誤りとしかいいようがない。翌1983（昭和58）年7月から「津軽」と季節「おが」で車両が交換

され「津軽」が14系座席車、季節「おが」が20系編成になった。（「津軽」は翌1984年2月から14系寝台車と座席車の併結になる）

　北海道内では1982年11月改正で「まりも」（下り3号、上り4号）、「大雪」（下り5号、上り6号）、「利尻」は座席車が14系化され10系寝台との併結になり、グリーン車がなくなった。翌1983年7月までに14系寝台車の耐寒耐雪化が完了し、14系寝台車と14系座席車の編成になった。これで10系寝台車は急行から引退し残るは京都〜出雲市間夜行普通列車「山陰」に残るだけになった。中央西線名古屋〜長野（下りは直江津）間の夜行「きそ」（下り3号、上り2号）は10系寝台車が外され、座席車が12系化された。

地方幹線の個性派夜行廃止

　1984（昭和59）年2月、貨物列車の大幅削減を柱としたダイヤ改正が行われた。貨物列車の途中駅、操車場での入れ換え、集結輸送が廃止され、拠点間直行輸送に集約された。それに伴い、貨物駅が大幅に削減され、新鶴見、大宮、吹田などの大操車場が廃止される一方、汽車から電車へを合言葉に地方中核都市で短編成のローカル電車、気動車が増発された。

　この改正で東海道「銀河」の上り東京着が繰り上がり、改正前の大阪23:10〜東京9:36が改正後は大阪21:20〜東京6:35となって利用しやすくなり、沼津〜東京間の湘南電車との平行ダイヤによるノロノロ運転が解消した。一方、特急「紀伊」（東京〜紀伊勝浦間）など地方幹線の「個性派夜行」が姿を消し、客車急行では米子〜博多間の「さんべ」（下り5号、上り6号）が姿を消した。西日本の地方都市間はクルマでの移動が基本になり夜行需要が激減したからであろう。

東北新幹線上野乗入れの
1985年3月ダイヤ改正

　1985（昭和60）年3月14日、東北新幹線上野乗入れに伴う全国ダイヤ改正が行われた。夜行急行関連では東海道本線「銀河」が14系寝台（B寝台は3段式）化されたが、「きたぐに」は電車化（583系）された。東北、常磐、奥羽線方面では「津軽」から寝台車がなくなり、「八甲田」「津軽」ともに14系座席車だけの編成になり、季節「おが」は臨時列車化された。一方では常磐線経由「十和田」が廃止された。1980（昭和55）年10月の山陽夜行急行廃止の例にならえば、東北新幹線上野開

業で東北方面の夜行急行は廃止と思われたが「八甲田」「津軽」が存続したのは意外だった。季節労働者の輸送など東北地方特有の事情を考慮したと思われる。上信越方面では夜行「妙高」は電車化され、羽越線直通の「天の川」が廃止された。「能登」が上野〜金沢間夜行急行（長野経由）として存続した。

　中央西線では名古屋発着の夜行「きそ」（下り3号、上り2号）が廃止されたが、大阪発着の夜行「ちくま」（下り1号、上り2号）の時間帯が変わり名古屋での利用ができるようになった。山陰および九州内の夜行急行は変化がない。

北辺の地に登場した客車急行

　減少の一途をたどっていた客車急行だが、1985（昭和60）年3月から北辺の地に客車急行が出現した。札幌〜稚内間の「宗谷」（宗谷本線経由）、「天北」（天北線経由）である。それまで同区間に運転されていたディーゼル急行（キハ56系）が老朽化したが、線区の特性（線路規格が低い）からディーゼル特急化は困難で、14系客車で置き換えることになった。牽引機は「宗谷」が全区間DD51、「天北」が札幌〜名寄間DD51、名寄〜稚内間DE10で、客車化に伴いスピードダウンしている。時刻は次の通り。

（下り）
（303列車「天北」）札幌11:10〜旭川13:09/13:12〜音威子府15:34/15:37〜稚内18:17（天北線経由）
（305列車「宗谷」）札幌16:25〜旭川18:23/18:26〜音威子府20:32/20:33〜稚内22:55
（上り）
（302列車「宗谷」）稚内8:05〜音威子府10:28/10:29〜旭川12:35/12:38〜札幌14:35
（304列車「天北」）稚内11:43〜音威子府14:27/14:30〜旭川16:57/17:00〜札幌19:01（天北線経由）

　14系客車で夜行「利尻」と車両運用を共通化し、下り天北→上り利尻、下り利尻→上り宗谷、下り宗谷→上り天北の折返運用となり、「利尻」がらみの下り天北と上り宗谷は寝台車を連結したまま走り、寝台は座席扱いだった。寝台の一部区画は改装して昼間4人室とし「グリーン席」とした。

国鉄最後の1986年11月改正

　翌年からの民営化を控えた1986(昭和61)年11月1日ダイヤ改正は、民営化後の営業体制、列車体系、人員配置を前提とした国鉄最後のダイヤ改正でそのまま1987(昭和62)年4月発足のJR各社に引継がれた。

　客車急行では東海道「銀河」が2段寝台化(24系25形)された。「銀河」の2段寝台化にあたり、国鉄大阪輸送計画室では特急に格上げし、列車番号も「瀬戸」15、16列車の続き番号17、18列車(戦前の1．2等名士列車の再来)とするとの案があったが、露骨な増収策で急行のままだったのは幸いだった。北海道では郵便、荷物輸送の廃止に伴い函館～札幌間「ニセコ」が廃止された。これで長万部～小樽間の通称「山線」(やません)から優等列車がなくなり、単なるローカル線となった。JR発足時(1987年4月)のJR定期客車急行は次の通りである。昼行は「宗谷」「天北」だけである。

「銀河」(東京～大阪)24系25形、A寝台、2段B寝台(全車寝台)
「だいせん」(大阪～出雲市、倉吉～出雲市間快速)14系3段B寝台+12系座席(指定、自由)
「かいもん」(門司港～西鹿児島)24系25形2段B寝台+12系座席(指定、自由)
「日南」(門司港～西鹿児島、宮崎～西鹿児島間普通)24系25形2段B寝台+12系座席(指定、自由)
「ちくま」(大阪～長野)14系3段B寝台+12系座席(指定、自由)
「能登」(上野～金沢、長野経由)14系3段B寝台+12系座席(自由)
「八甲田」(上野～青森、東北本線経由)14系座席(指定、自由)
「津軽」(上野～青森、奥羽本線経由)14系座席(指定、自由)
「まりも」(札幌～釧路、石勝線経由)14系2段B寝台+14系座席(指定、自由)
「大雪」(札幌～網走)14系2段B寝台+14系座席(指定、自由)
「利尻」(札幌～稚内)14系2段B寝台+14系座席(指定、自由)
「天北」(札幌～稚内、天北線経由)14系座席(指定、自由)
下りは14系B寝台車2両を座席使用
「宗谷」(札幌～稚内)14系座席(指定、自由)上りは14系B寝台車2両を座席使用

JR発足後の客車急行

　1988(昭和63)年．3月13日青函トンネルが開通し、青森～札幌間に夜行急行「はまなす」が青函連絡船夜行便を引継ぐ形で登場した。北海道と東北、新潟、北陸とは開拓時代から交流が多く、乗客もビジネス客から観光客、家事私用客など幅広く、かつての多目的急行の面影が残っていた。「はまなす」は当初14系座席車だけだったが、1991(平成3)年7月からB寝台車を連結した。

　1988年11月から「宗谷」「天北」はふたたびディーゼル急行(キハ400、480)となった。翌1989年1月7日、昭和天皇裕仁は「崩御」し年号は平成と改められた。

　その後の客車急行の消長を概観したい。北海道では1991年3月、「利尻」がディーゼル化されキハ400系となり、14系B寝台車(スハネフ14)が気動車と併結可能に改造され組み込まれた。翌1992年3月、「大雪」は夜行特急「オホーツク」(下り9号、上り10号)となり、「利尻」と同様に14系B寝台車が183系に組み込まれている。1993年3月には「まりも」が夜行特急「おおぞら」(下り13号、上り14号)になり、B寝台車が183系に組み込まれた。これで北海道に残る客車急行は「はまなす」だけになった。

　北海道内夜行のその後だが、「利尻」は2000年3月に特急化されたが、「利尻」および夜行「オホーツク」は2006年3月に臨時列車化され、2007年10月には「まりも」(夜行の「おおぞら13、14号」を改称)が臨時列車化された。(「利尻」は2007年まで、夜行「オホーツク」および「まりも」は2008年まで運転)

　東北、奥羽、上信越関係では、1990(平成2)年9月、「津軽」は福島～山形間新幹線乗り入れ工事のため583系電車(座席扱い)になり仙山線経由となった。1993年12月には「津軽」(この時点は485系)が廃止され「八甲田」が臨時列車に格下げされた。その理由は夜行高速バスの登場であろう。1980年代後半から増えた夜行高速バスはJRの夜行に大きな影響を与えたことは確かである。「八甲田」はその後GW、夏、年末年始の運転になったが1998年夏で運転終了になった。「能登」は1993年3月に電車化(489系)され、2010年3月に臨時列車格下げされた。(2012年まで運転)

　中央西線、篠ノ井線「ちくま」は1997年10月に電車化(383系)されたが、2003年10月に臨時列車に格下

げされた。（2005年まで運転）

　九州では1993年3月に「かいもん」「日南」が電車化され787系の夜行特急「ドリームつばめ」「ドリームにちりん」となった。「ドリームつばめ」は2004年3月、九州新幹線新八代〜鹿児島中央間開通時に廃止され、「ドリームにちりん」は2000年3月から783系となり、2011年3月、九州新幹線全線開通時に廃止された。山陰では「だいせん」が1999年10月から大阪〜米子間に短縮の上、ディーゼル化（キハ65「エーデル」編成）されたが、2004年10月に廃止となった。

最後の客車急行「はまなす」

　2005（平成17）年以降は寝台特急の廃止が相次ぎ、夜行列車は年々減少してゆく。300〜500km程度の距離で夜行需要がなくなることは決してないが、1列車を必要とするような需要は見込めず、1台20〜30人程度のバス輸送が適しているといえよう。

　東海道では「銀河」が24系25形で運転が続けられたが2008（平成20）年3月改正時に廃止された。この改正で新横浜発6時の「ひかり」（小田原、静岡停車）が登場しているが、単なる偶然とは思えない。最後の

客車急行は青森〜札幌間「はまなす」で2016（平成28）年3月26日の北海道新幹線新青森〜新函館北斗間開業時に廃止された。実際の運転最終日は上り札幌発が3月20日、下り青森発が3月21日で、3月22〜25日は新幹線開業準備（運行管理システムと信号システムを在来線から新幹線に切替え）のため津軽海峡線の旅客列車は運休したが、貨物列車は運転された。「はまなす」は国鉄形14系客車、牽引機もED79、DD51で最後の客車急行は国鉄の思い出とともに去って行った。

ED79牽引で早朝の青森に到着する急行「はまなす」。
◎東北本線　青森　2009（平成21）年5月
撮影：隅田　衷

青森駅で並ぶ「はまなす」寝台車と485系特急「いなほ8号」新潟行。
◎東北本線　青森　2009（平成21）年5月
撮影：隅田　衷

夜の札幌駅に入線するDD51牽引の「最後の客車急行」はまなす。
◎函館本線　札幌
2014（平成26）年10月
撮影：隅田　衷

「ひめかみ」「会津若松発臨時準急」「霧島・高千穂」「十和田1号」

1962年8月、急行「ひめかみ」
「会津若松発臨時準急」

筆者の記憶にはっきりと残る客車急行は小学校3年生だった1962(昭和37)年夏に乗った不定期急行「ひめかみ」が最初である。この年の夏、家族で福島県裏磐梯方面へ行くことになった。筆者はすでに「時刻表少年」になっていて、父と二人でプランを考えた。父は出発前に交通公社(JTB)で旅館を予約し、風見鶏が表紙に描かれている「普通周遊券」を購入した。

8月6日朝、当時住んでいた蕨(京浜東北線)から上野へ向かう。当時の急行2等車はすべて自由席で、座るには上野へ行かねばならなかった。朝8時過ぎに上野へ着いたが、地平ホームは帰省や観光の乗客で混雑し長い行列が渦巻いていた。お目当ての列車は上野発9:20の仙台行急行「青葉」(上野9:20〜仙台15:28、下り方の2両は青森行と盛岡行で仙台から急行「みちのく」に連結)だったが、この行列では座れそうもない。「行列の先頭は始発電車で来ているよ」との声も聞こえた。父は時刻表をめくり、「20分後に「ひめかみ」がある、それに乗ろう」と言いだした。11番線の「あおば」の反対側12番線から不定期急行1033列車「ひめかみ」(上野9:40〜盛岡19:44)が発車するが、郡山まで会津若松行の「臨時ばんだい」(会津若松着15:02)を併結していた。「ひめかみ」の行列も長かったように思うが、前方(下り方)の会津若松行「臨時ばんだい」の行列はそれほどでもなく、家族で1ボックスを確保できた。先に11番線から発車する「青葉」は通路にもかなり立っていたように記憶する。「青森行」(仙台から「みちのく」に連結)の行先札を見て、その遠さを思った。筆者は地理が好きで日本地図をよく眺めていたから、青森が本州の北端でその先に北海道があることは知っていた。当時、北東北(岩手、秋田、青森)は「僻遠の地」のイメージがあり、その言葉の響きにもそれが感じられた。自分が青森へ、北海道へと行けるのはいつのことだろうかと思った。

我々の乗った車両は広窓で座席に取り付けられた「頭もたれ」を覚えているからスハ43系客車だった。

車内は立っている人はいなかったように思う。自分たちが住んでいる「蕨」を通過し、見慣れた街並みを「急行」から眺めるが、「上から見下ろすような」優越感を感じたように思う。大宮を過ぎると車窓には一面の田園風景が展開し、宇都宮で立ち売りのご飯とおかずが別の折に入った幕の内弁当を買う楽しい旅だった。黒磯で赤い交流電気機関車(ED71)に変わった。それから先は関東とはうって変わって高原のような景色が続いたと記憶する。郡山で前方の盛岡行「ひめかみ」編成へ移ると同じように「ばんだい」編成から乗り移った乗客が多く、通路までぎっしり満員となり福島まで約50分立ちっぱなしの状態だった。

帰路はD51牽引の臨時準急

高湯温泉、裏磐梯、五色沼で数日間過ごした後の8月9日、猪苗代から臨時準急3206列車(愛称なし、会津若松10:06〜上野17:59)に猪苗代から乗車した。5〜6両の編成で磐越西線内はD51牽引だった。1等車は広窓の「並ロ」オロ40で2等車はオハ35、スハ32の混成だった。空いているという理由で狭窓のスハ32に乗ったが、窓の内側の木製ヨロイ戸が珍しく、座席のクッションは緑色だった。猪苗代湖を過ぎトンネルに入ると周囲の乗客は大慌てで窓を閉めたが、SLの煙が車内に入り白熱灯の薄暗い車内がさらに暗くなった。これが明治以来、1960年代までの汽車旅だった。郡山で仙台発の臨時準急3106列車「第一たなばた」(仙台発9:52)と併結のため19分間停車し、ちょうどお昼でホームに降りて父と並んで駅そばをする。これは筆者にとって初めての体験だった。ところが、列車が突然動き始めた。あわてて乗ろうとした私たち親子を駅係員が制止した「連結のため隣のホームに移りますよ」。列車はホームから離れ、転線して隣のホームで仙台発列車と併結される。初めて見る光景であったが、鉄道の持つ面白さにますます魅せられることになった。

郡山駅構内にはクリームとあずき色の「東海型」と似た電車が止まっていた。初めて見る交直両用の451系電車で試運転だったのだろう。この年の10月

から451系は急行「みやぎの」として上野〜仙台間にデビューしている。

スハ32のクラシックな風格に魅せられる

　郡山を発車し、スハ32の細長い窓を開けて先頭方向を眺める。東北本線は単線区間が残り複線化工事が行われていた。車両の形式などの知識はまだなかったが、デッキとの仕切りドア上部の「昭和10年、大宮工場」の銘版が記憶にある。製造後27年、鉄道の車両はこんなに長く持つものかと思った。当時の時刻表巻頭付録にある臨時列車時刻表ではこの臨時準急は郡山〜白河間を1時間30分以上かかっている。定期急行なら37〜40分である。矢吹、鏡石両駅でそれぞれ30分程度停車し、秋田発特急「つばさ」、仙台発急行「あづま」に抜かれ下り列車と交換待ちしたが、周囲の乗客からは「この汽車はなかなか発車しない、故障したのか」との声も聞こえた。筆者は「車内見物」にでかけ広窓、固定（向い合せ）クロスシートの1等車（並ロ）オロ40に乗り湘南電車、横須賀線の1等車と同様の白いカバーのかかったゆったりした座席にほんのわずかな時間だったが座った。

　黒磯で赤い交流電気機関車（ED71）からチョコレート色の古風な直流電気機関車（EF56か57）に代わり雑木林が多く残っていた関東平野を疾走するが、スハ32の古さからくるある種の威厳、今風に言えばクラシックな風格にすっかり魅せられてしまった。郡山から大宮まで約4時間30分。定期急行、準急は同区間3時間20分前後だから、いかにものんびりした旅だが「汽車旅」を満喫できた。大宮から京浜東北線で蕨へ。周遊券は東京都区内までだったから途中下車扱いで手に入った。当時の筆者の鉄道情報源は父が出張で使う交通公社時刻表と駅に貼ってある国鉄広報部発行の壁新聞「トラベルフォトニュース」だけだった。しばらくして、蕨駅の「トラベルフォトニュース」で交直流急行電車登場、「みやぎの」電車化を知った。

　その前年、筆者は家族旅行で関西の親せき宅を訪ね151系こだま型電車特急、153系東海型電車急行に乗車し、その速さ、快適さを味わったが、この東北の旅は往復とも機関車牽引の客車列車で東海道の最新

朝から観光客、レジャー客の行列ができる夏の上野駅。6:57発の「第1志賀」と7:00発の「三陸」が停車中。
◎東北本線　上野　1967（昭和42）年　撮影：山田 亮

臨時急行に使用される狭窓のスハ32の車内。戦後、スハ43系登場後はスハ32が定期急行に使用されることは少なかったが、臨時急行に使用されることがあった。車内は白熱灯1列で薄暗く、かろうじて本が読める程度だった。
◎1967（昭和42）年8月　撮影：山田 亮

東北本線を行く交流電気機関車ED71牽引の上り列車。
◎東北本線　金谷川〜松川　1974（昭和49）年5月
撮影：山田 亮

形電車とはまた違った旅のカタチを体験することとなり、鉄道の持つ多様性や地域による違いが小学生だった筆者の脳裏に深く刻み込まれることになった。

1969年3月、急行「霧島・高千穂」

　1968年(昭和43)10月の「43-10」改正時、筆者は中学3年生であり鉄道少年でもあった。10月号時刻表を発売日に手に入れて読みふけったが、気になった列車がふたつあった。東北本線全線電化で登場した上野発10時15分の583系特急「はつかり1号」と東京発11時10分の九州急行「霧島・高千穂」であった。高校受験が控えていたが志望校に合格したら、そのいずれかに乗ってSL撮影に行こうと考えていた。

　翌1969(昭和44)年3月、中学卒業から高校入学までの1か月近い休みを利用し、「霧島・高千穂」に乗り九州にSL撮影にでかけた。東海道、山陽線を直通する「庶民の列車」にどうしても乗ってみたかったからだ。食堂車オシ17も魅力だった。筆者にとって初の一人旅だ。編成は次の通り。

(1969年3月13日乗車)東京発西鹿児島行き急行31列車「霧島」「高千穂」
(「高千穂」東京～行橋間乗車)
EF58 65(下関)(東京～下関)、EF30(下関～門司、番号不詳)、ED76 19(大分)(「高千穂」門司～大分、「霧島」もED76牽引だが番号不詳)
↑西鹿児島
「霧島」(東京～西鹿児島。鹿児島本線経由)
オユ11　2　東シナ(品川)(東京～熊本)
①ナハフ10　39　鹿カコ(鹿児島)　　①～⑦号車
②オロ11　9　鹿カコ
増②オハ35　963　鹿カコ
③オシ17　4　鹿カコ
④ナハ10　56　鹿カコ
⑤ナハ10　4　鹿カコ
⑥ナハ10　84　鹿カコ
⑦ナハフ10　47　鹿カコ
⑧ナハフ10　16　東シナ　　⑧～⑬号車
⑨オロ11　31　東シナ
「高千穂」(東京～西鹿児島、日豊本線経由)

⑩ナハ11　54　東シナ　　　1,2等とも全車自由席
⑪ナハ11　56　東シナ
⑫ナハ10　34　鹿カコ
⑬ナハフ10　31　鹿カコ
↓東京

　発車時刻の40分ほど前に東京駅14番線へ。入線と同時に乗り込むが、後半の「高千穂」編成はすいていて、1ボックス(向い合わせ4人座席)1～2人程度か。定刻11時10分に発車。東海道本線内だけの乗降は少なく、車内はのんびりムードが漂う。編成の大半は軽量客車10系である。

　発車してしばらくして、近くの席にいた学生が話しかけてきた。「君は慶應か」、筆者は慶應義塾高校に合格していたので慶應の「丸帽」をかぶっていたからである。「僕も慶應だ、これから宮崎へ帰る」、その言葉に一人旅の不安がやや和らいだような気がした。その学生は少し離れたボックスに一人で座っていた。自分も別のボックスに一人で座り、景色を眺めていた。東海道在来線の景色は前年6月、中学の修学旅行で167系電車「わかくさ」に乗っていたから既視感があった。静岡過ぎてから最前部の1号車まで車内を歩いて車番をメモするが、前半の「霧島」編成は結構乗っていて1ボックス2～3人だった。1等車(同年5月からグリーン車と改称)は自由席だが6～7割程度席が埋まっていた。浜松過ぎてから食堂車オシ17へ行く。一人で入るのは勇気が必要だったが1番安いカレーライス(180円)を注文、日本食堂(博多営業所だったと思う)のカレーは幕の内弁当(150円)より高かったが独特のコクがあって旨かった。食堂車内は石炭レンジのため石炭の匂いがかすかに漂っていた。

宮崎へ帰るNさんと同じボックスに

　さて、このんびりムードも名古屋まで。名古屋では到着を待つ行列が長く、かなりの席が埋まった。「霧島」編成が混んでいるのだろう、前方から移動して席を探す乗客も目立つ。夕闇迫る雪の関ヶ原を単線の別線で越え、米原を過ぎると日もすっかり暮れ高速で突っ走る。EF58の牽く客車列車が最高95キロで走るスピード感は電車特急の120キロより速い

ように感じる。京都が近づくとさきの慶大生がやってきて、同じボックスに来ないかといわれ移動した。その人は慶應文学部の４年生でＮさんといった。その席には別の学生二人組が一緒に座っていて、さかんに議論をしていて、お互いの大学の様子や学生運動のことを話題にしていた。1969（昭和44）年は東大の入試がなく大学紛争の年として記憶されている。私が慶應の付属高校へ入り、その記念？に九州へ蒸気機関車の写真を撮りに行くと伝えると「大学までそのまま行けるっていいな」と羨ましがられた。

混雑する山陽夜行区間

　京都に到着。ここでも乗車が多く、筆者の乗る13号車も満席になった。大阪19時13分着で６分停車。大阪からではもはや座れない。多くの乗客が通路に座り込む。京都、大阪での下車は少なかったから、この列車の乗客の多くが山陽、九州方面への直通客であることがわかる。明石付近で「東経135度」のネオンサインが見えると、東京を遠く離れてきたことを後悔？した。長い山陽路の夜行の旅が始まるが、通路もデッキも乗客で埋まっていた。これでは食堂車で夕食などとんでもない。今にして思うと３月中旬で旅行シーズンにはまだ間があるのに、なぜそんなに混んでいたのかと思うが、山陽新幹線も高速道路もなく夜行バスもない、飛行機はまだまだ高価で気軽に乗れない。そこで安くいつでも乗れる急行自由席に乗客が集中したということだろう。

　姫路で11分停車して宮崎行寝台特急「彗星」と博多行寝台電車特急「月光１号」に２本まとめて抜かれるが、つややかな車体はブラインドがすべて閉じられ、食堂車で談笑する乗客の表情はまさに「殿様列車」で我々の「庶民列車」とは別世界の趣だった。ホームでは販売員が駅弁を売り歩き、多くの窓が開かれ、またたく間に売れてゆく。筆者も幕の内弁当を買い、ようやく夕食にありついた。

　Ｎさんも学生二人組も筆者もお互いに足を前の席に伸ばして寝ていた。窮屈な姿勢だが、それでもなんとか眠れた。だが熟睡はできず「まどろむ」程度で、それが当時の夜行座席車の旅だった。５時15分、夜明け前の下関に到着。待避線には東京から牽引してきたEF58 65（下関運転所）の姿が見え、長旅をと

もにしてきた「友」と別れるような気持ちだ。下関発車してほどなく大洋漁業（現・マルハニチロ）の大きなクジラのネオンサインが見え、関門トンネルへ。

「高千穂」を降りたことを激しく後悔

　門司ではかなりの下車があったが「霧島」へ移るのだろうか。ここから６両の身軽な編成の「高千穂」になる、Ｎさんに次の行橋で降りと伝えると「このまま宮崎まで行きなよ。私の家で休憩してもいいよ」といわれた。筆者の心は揺らいだが、当初の予定通り６時13分行橋で下車。田川線（現・平成筑豊鉄道田川線）に乗り継ぎ、筑豊のSLを撮影することにした。降りる時、Ｎさんは住所と電話番号のメモを渡し「宮崎に来たら連絡してくれよ」と言った。まだ暗い行橋を発車する「高千穂」を見て、東京から19時間乗り続けた列車を「捨てた」ことを後悔した。やはり、終点まで乗るべきだった、宮崎でＮさん宅にお邪魔してもよかった。日豊本線南部をDF50牽引で走るのは退屈であろうが、日本最長距離列車に「完乗」するチャンスをみすみす逃したのは筆者にとって人生の痛恨事である。ほどなく、ピィーという鋭い汽笛とともにED76牽引、２等寝台車（B寝台車）連結の西鹿児島発門司港行夜行普通522列車が入って来た。寝台車連結の普通列車があることは知っていたが、その姿を目の当たりにして時刻表は「生きている」ことを感じた。初めての九州は見るものすべて珍しく驚きの連続で、初めての一人旅は私のレールファン人生の幕開けであった。

　その数日後、宮崎駅からＮさん宅に電話すると、Ｎさんがクルマで迎えに来てくれた。お邪魔するとお母さんが出迎え歓待してくれた。「この宮崎は暖かいけど皆のんびりしていて、日向ボケといわれているのですよ」と笑っていた。

　それから30数年後、パソコンやインターネットで情報を検索できる時代になった。ふと思い出してＮさんの名を検索した。Ｎさんは九州のある大学の教授をされていた。

「霧島・高千穂」から「桜島・高千穂」へ

　この霧島・高千穂は1970（昭和45）年10月、鹿児島本線熊本〜西鹿児島間電化完成時に京都〜西鹿児

島間に登場した寝台電車特急「きりしま」にその愛称を譲り、「桜島・高千穂」と改称された。同時にグリーン車が座席指定となったが、普通車は自由席のままで食堂車も引き続き連結された。60年代後半から始まった「SLブーム」は70年代に入ってからますます過熱し、東京、大阪から多くの鉄道ファンが九州に向かった。当時は九州内乗り降り自由、急行自由席利用可の「九州ワイド周遊券」があり、時間がたっぷりある大学生や中高校生はワイド周遊券を手に、自由席のある夜行急行で九州へ向かい、「霧島（→桜島）、高千穂」も若いSLファンに愛用された。山陽新幹線岡山開業の1972（昭和47）年3月改正後も存続したが、食堂車がはずされ、座席車だけとなった。

大学祭のテーマ「桜島・高千穂」

　筆者も所属していた慶應義塾大学鉄道研究会では1973（昭和48）年の三田祭（大学祭）ののテーマに「桜島・高千穂」を選び、様々な角度から考察しているが、会員が国鉄本社および九州内の鉄道管理局で担当者から取材している。

　この列車の性格として①東海道本線内の都市間連絡（年間乗車率40％）、②関西〜九州間での寝台特急の補完輸送（年間、乗車率70〜80％）、③九州内都市間ローカル輸送に大別され、主な使命は関西〜九州間の連絡としている。興味深いのは鹿児島鉄道管理局担当者の次の発言である。「南西諸島（屋久島、奄美大島など）および沖縄からの離島航路連絡の使命がある。これら離島では指定券の入手が困難のた

め、自由席のある急行を残してある。『桜島』は酒を飲む乗客が多く焼酎列車の異名があり、車内の汚れもひどく乗務員にとっても『やりにくい』列車になっている」、また熊本鉄道管理局担当者は「『桜島』はウチとはあまり関係がない。熊本始発列車があるので、何も鹿児島から来る混んだ列車に乗ることはない」と断じている。「高千穂」について大分鉄道管理局担当者は「学生、出稼ぎ労働者など比較的収入の低い人々のための列車だが、東京直通列車で知名度があり、地元の愛着がある」と述べている。

　すでに山陽新幹線博多開業がせまっていたが、この列車の今後について同会は「新幹線接続の関西〜九州間列車として残すべき」と結論づけ「東海道区間は新幹線や普通列車、快速列車体系で十分対応できる」「東京から九州まで乗り通す乗客は時間対費用の便益を無視した少数であり、このような乗客のために東京発着列車を残すことは不合理である」としている。

「桜島・高千穂」の廃止

　この予想？通り、「桜島・高千穂」は1975（昭和50）3月の新幹線博多開業時に廃止され、同時に関西〜九州間に14系客車の夜行急行（全車指定席）が3往復設定された（「雲仙・西海」「阿蘇」「くにさき」）新幹線開通を機に、多客期の混雑は新幹線で対応し、夜行は特急、急行ともに定員輸送にするとの考えが当時の国鉄にあったからである。

　14系客車使用は上野発着の東北、常磐、上信越線

東京駅14番線で発車を待つ急行「霧島・高千穂」。ホームにはこの列車で郷里へ帰る友人を見送る若者の姿も。「70年代の青春」のワンシーンのようである。
◎東海道本線　東京　1969（昭和44）年3月
撮影：山田 亮

東海道線を走る急行「霧島・高千穂」の車内。乗客の荷物の多さから山陽、九州方面への直通客が多いことがわかる。◎1969（昭和44）年3月　撮影：山田 亮

夜行急行の大部分が旧型客車のままであったことを考えると破格のサービスで、指定席は設備料金の意味もあったと考えられるが、利用者の反発から同年12月から一部自由席になった。関西〜九州間夜行急行も1980(昭和55)年10月の「減量ダイヤ改正」で廃止された。当時、中国高速道路は全線開通しておらず夜行高速バスもなく、国鉄は公共性を放棄したといわれても仕方のない改正だった。

1970年3月、急行「十和田1号」

「霧島・高千穂」乗車からちょうど1年後の1970(昭和45)年3月中旬、北海道SL撮影にでかけるため、上野発12時10分の「十和田1号」に乗った。

(1970年3月13日乗車) 上野発青森行き急行201列車「十和田1号」(上野〜青森間乗車)
EF80　9 (田端)(上野〜平)、ED75　1007(青森)(平〜青森)

　　↑青森
⑫スハフ42　2149　客車はすべて盛アオ(青森)
⑪スハ43　2304
⑩オハ47　2287
⑨オハ46　2001
⑧ナハ11　2013
⑦オシ17　2017
⑥スロ62　2084(半分が指定席)
⑤オハ47　2096(指定席)
④スハフ42　2243(指定席)
③オハ46　2660
②オハ47　2073
①スハフ42　2248
　　↓上野

　3月中旬ともなれば、日も長くなり寒さの中にも春の息吹が感じられる。2日後に日本万国博覧会(大阪万博)の開催を控え、世間の関心は大阪に集まっていたが、筆者はこれから北へ向かう。上野駅は北寄りに国電との連絡通路、地平14, 15線ホームの直上に高架ホーム(11、12番線)を増設する工事が進んでいる。17番線から10時15分発の583系特急「はつかり1号」が満席で発車するが、同じく17番線

の「12時10分、十和田1号、青森行、自由席」の表示板の前には誰も並んでおらず、いささか拍子抜けだ。「十和田1号」は11時33分に入線するが、同時に乗り込む乗客は少ない。反対の16番線には181系になったばかりの12時15分発秋田行き特急「つばさ2号」が入線し、多くの乗客が乗り込む。「43−10」改正以来、上野駅も特急が主役になり、急行は影が薄いようだ。12時10分発車、常磐線は複々線化工事中で、国電と平行ダイヤのせいかノロノロ運転で、取手からようやく急行らしくなった。車内はざっとみて定員の半分くらいで、のんびりムードが漂う。いかにも長旅という乗客は思ったより少ないようだ。水戸、日立では乗車、下車ともに少ない。泉付近では福島臨海鉄道(現・小名浜臨海鉄道)のディーゼル車が1両で走っているのが見える。平(現・いわき)でEF80からED75に交代する。常磐線北部の車窓は単調で変化が乏しい。海岸が見える区間もわずかで、平凡な田園地帯が続く。1ボックス2人くらいの乗客は思い思いの姿で単調な時を過ごしている。長い乗車時間に本、新聞を読むか、ひたすら眠る、それしかやることがなかった。携帯ラジオは車内では受信状況が悪く聞き取りにくかった。ラジカセが普及し、車内でヘッドホーンで聞くようになるのは、さらにその5〜6年後、70年代後半あたりからだ。昨今のように携帯電話やスマホでゲームに興じたり、音楽を聴く、ワンセグでテレビやビデオを見るなど当時は想像外だった。

東北対北海道の連絡列車

　阿武隈川鉄橋を渡り、左から東北本線が近づいてきた。仙台は正面改札口反対側の1番線に到着、仙台での乗車は多く、かなりの座席が埋まった。17時58分発車。仙台は雪がないが北上するにつれて徐々に雪景色になる。仙台からの乗客は軽装が多く、1時間程度で降りる客が多いが、仙台〜盛岡間の途中停車駅からは北海道へ向かうと思われるコートやアノラックで身を固めた乗客も乗ってきて、この列車は徐々に北海道への連絡列車らしくなってくる。

　雪が積もっている盛岡を発車してから食堂車へ。1年まえの「霧島・高千穂」乗車時と同様にカレーライス(180円)にする。旅行の初めから「散財」す

るわけにはいかない。食堂車は日本食堂仙台営業所が担当し、クルーは仙台で交代したのであろう。レジには宮城県が発行した「料理飲食等消費税特別徴収義務者証票」が貼ってあった。筆者も後年、神奈川県でこの料飲税関連の業務を担当するが当時はもちろん想像外だった。(注)

夜更けの東北北部を90キロくらいで快走、車内灯に照らされた窓外の雪も次第に「壁」になってくる。車内は1ボックス3人くらいで上野発車時より多いが、夜ふけで多くの乗客は寝ていて夜行列車のムードだ。八戸付近で「北海道へお越しの方、青函連絡船の乗船名簿を配ります」と案内放送が流れ、車掌が車内を回り乗船名簿を配り、多くの人が受け取っていた。

青森到着の案内放送に続き、青函連絡船への乗り換え案内、接続する道内列車の案内が流れ「本日の連絡船は羊蹄丸です」で締めくくられ、車内は渡道ムードが高まる。23時45分、粉雪舞う青森駅2番線に定時到着。1番線には23時55分発の583系寝台特急「はくつる」が発車を待つ。多くの乗客は前方へ進み階段を上り連絡船へと向かう。先頭には平から牽引してきた雪まみれのED75 1007(青森機関区)の姿が。

0時05分、青函11便羊蹄丸は出港。船内は列車とまったく異なりデラックスなムードが漂い「不夜城」の観がある。絨毯敷きの桟敷席で横になった。筆者にとって初の渡道であった。3月中旬で観光シーズンではないが、グリーン船室も普通船室もかなり乗っていた。東京対札幌はすでに飛行機が優位になっていたが、東北対北海道全体ではまだまだ国鉄利用が多かった。氷点下の後部プロムナードデッキへでる。粉雪が舞う青森港が徐々に遠ざかり、後続の1便が停まっていた。

(注)料理飲食等消費税は以前は遊興飲食税といい、料理店、飲食店、旅館等での一定金額以上の遊興、飲食、宿泊に課税され、都道府県税であった。1988年、特別地方消費税と改称、2000年に廃止。列車食堂では営業所所在地を管轄する都税、府税、県税事務所等に申告、納税した。

帰途も十和田1号に乗車

この北海道旅行は北海道内乗り降り自由の「北海道均一周遊券」を利用した。東京からは有効期間16日で道内及び東京から往復は急行自由席に急行券なしで乗れた。この周遊券の存在を知ったのは中学生の頃だが、区域内は乗り降り自由を知り、世の中にそんなうまい話が本当にあるのかと驚いた。(均一周遊券は1974(昭和49)年9月からワイド周遊券と改称、1998年3月限りで廃止され「周遊きっぷ」となったが、かえって使いにくくなった)

有効期間16日をフルに活用し道内でSL撮影、最終日の3月28日、小樽発18時31分のディーゼル急行「ニセコ3号」(根室9:00→函館23:08)に乗車、青函連絡船夜行12便は往路と同じ羊蹄丸で0時20分出港、翌29日4時10分、青森に到着し、5時20分発上り「十和田1号」に乗り継ぐ。すでに周遊券の有効期限は切れているが、継続乗車船の規定で途中下車しなければ(改札の外へ出なければ)最終目的地まで乗れる。夜が明けたばかりの青森駅には583系特急「はつかり1号」上野行、82系ディーゼル特急「白鳥」大阪行が止まっていて、4時55分に同時発車。3月末ともなれば、人の動きは多く両列車ともかなり席が埋まっていたように思う。ホームの駅弁を積み上げた販売車から駅弁や新聞、週刊誌がどんどん売れていく。入れ替わるように5時10分、583系電車寝台「ゆうづる1号」が到着。ほとんどの客が連絡船へ向かったようだ。「43-10」改正ダイヤを作る際、この青森着5時は「早すぎる」と国鉄部内で議論になったというが、「上野と函館、札幌の時間が適当なら、途中の乗り換え時刻が早くても構わない」で決着したという。「十和田1号」もかなり席が埋まり5時20分発車。青森構内の単線高架橋から青森の市街地を見下ろすが、街は雪の中でまだ眠っていた。

(1970年3月29日乗車)青森発上野行き急行202列車「十和田1号」(青森〜上野間乗車)
ED75 55(長町)(青森〜平)、EF80 9(田端)(平〜上野)
↑上野
①オハフ45 2011 客車はすべて盛アオ(青森)
②オハ47 2072

③オハ47　2195

増④スハ43　2019（指定席）

④スハフ42　2244（指定席）

⑤スハ43　2016（指定席）

⑥スロ62　2053（半分が指定席）

⑦オシ17　2016

⑧ナハ11　2012

⑨オハ47　2073

⑩オハ46　2660

⑪オハ46　2004

⑫スハフ42　2247

　　↓青森

水戸を過ぎてから食堂車へ

　北海道は冬が続いていたが、この3週間で東北は雪解けが進み早春を迎えている。夜が明けたばかりの青森付近でも雪はかなり低く、盛岡付近からは雪も消え、沿線の色は「こげ茶」だ。3月末ともなれば乗車率は高く、青森出発時からかなり席は埋まっていたが途中駅でも乗車が多く、仙台が近づくと立客が通路を埋めた。仙台11時06分着、10分停車中に特急「やまびこ」に抜かれる。仙台で11時30分発「まつしま2号」に乗ると上野着16時08分で早く着くが、食堂車へ行きたかったのでこのまま乗り続ける。仙台でかなり下車したが、常磐線内もほぼ満席のままだった。丘陵の間から海が見え隠れする常磐線北部を単調に走る。途中での乗降もあまりなかったようで多くの乗客が上野まで乗っていた。水戸を発車してようやく食堂車へ。昼食には遅い時間だが混んでいた。旅の終わりで「散財」することにし、カツレツ定食（350円）を注文。最後にコーヒーが運ばれてくる頃には取手を過ぎていた。16時53分、往きと同じくEF80 9（田端機関区）に牽引され上野駅18番線に定時到着。これで小樽から青函連絡船乗り継ぎ約23時間の旅が終わった。

　（「霧島・高千穂」乗車記および「十和田1号」乗車記は鉄道ピクトリアル2016年1月号掲載、一部追加、修正）

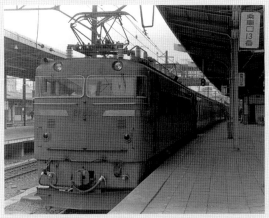

上野駅17番線で発車を待つEF80 9（田端機関区）牽引の急行「十和田1号」、バックは18、19番線で閑散としているが、大連絡橋工事中で構内は雑然としていた。◎東北本線　上野　1970（昭和45）年3月　撮影：山田 亮

盛岡駅停車中の上り「十和田1号」ホーム上には移動販売車や駅弁「売り子」の姿も見える。過ぎし日の汽車旅の郷愁が漂ってくる。◎東北本線　盛岡　1970（昭和45）年3月　撮影：山田 亮

青森出港の青函連絡船津軽丸から続行便の松前丸、青森駅と連絡船へ可動橋を見る。連絡船の甲板には航送される乗用車が積み込まれている。夏の青函連絡船は天候に恵まれれば快適な船旅だった。
◎1971（昭和46）年7月　撮影：山田 亮

別表1　1939（昭和14）年11月15日改正、急行列車一覧

特別急行列車、普通急行列車および長距離（300キロ以上）の準急行列車（料金不要）を掲載
運転期間の長い、不定期列車も掲載した
24時制で表示、特に示すもの以外は2、3等編成

（東海道、山陽線）

列車番号	（下り）運転区間と時刻	備考	列車番号	（上り）運転区間と時刻	備考
特急1011	東京8:50→名古屋14:07/14:12→大阪16:50	「不定期つばめ」、洋食堂車	特急2	下関20:30→大阪6:43/6:48→東京15:25	「富士」、1.2.3等、1.2.3等寝台、洋食堂車
特急11	東京9:00→大阪17:00/17:04→神戸17:37	「つばめ」、1.2.3等、洋食堂車、展望車	特急4	下関22:00→大阪7:54/8:00→東京16:40	「櫻」、2.3等寝台、和食堂車
特急1031	東京13:00→大阪21:20/21:24→神戸21:58	「燕」、1.2.3等、洋食堂車、展望車	特急1032	神戸8:23→大阪8:55/9:00→東京17:20	「燕」、1.2.3等、洋食堂車
特急3	東京13:30→大阪22:00/22:07→下関8:00	「櫻」、2.3等寝台、洋食堂車	特急1012	大阪12:50→名古屋15:31/15:35→東京20:50	「不定期つばめ」、洋食堂車
特急1	東京15:00→大阪23:23/23:34→下関9:25	「富士」、1.2.3等、1.2.3等寝台、洋食堂車、展望車	特急12	神戸12:20→大阪12:55/13:00→東京6:55	「つばめ」、1.2.3等、洋食堂車、展望車
1009	東京10:20→大阪20:21/20:30→下関6:40	不定期、2等寝台、和食堂車	14	下関8:50→大阪18:55/19:01→東京6:55	2.3等寝台、和食堂車
9	東京10:30→大阪20:37/20:45→下関6:55	2.3等寝台、和食堂車	1008	下関9:15→大阪19:36/19:41→東京7:10	不定期、2等寝台、和食堂車
1021	東京13:35→名古屋19:38/19:44→大阪22:50	和食堂車	8	下関9:25→大阪19:55/20:01→東京7:30	1.2.3等、1.2.3等寝台、洋食堂車、展望車、柳井呉経由
13	東京20:00→大阪6:38/6:45→神戸7:21	2.3等寝台、和食堂車	16	神戸19:48→大阪20:25/20:31→東京7:55	2.3等寝台、和食堂車
15	東京20:30→大阪7:10/7:17→神戸7:53	2.3等寝台、和食堂車	1034	大阪21:01→名古屋0:46/0:52→東京8:15	2.3等寝台、和食堂車
1005	東京20:55→大阪7:38/7:45→下関17:45	不定期、2等寝台、和食堂車、柳井経由	1024	大阪21:30→名古屋1:19/1:25→東京8:30	2.3等寝台、和食堂車
5	東京21:00→大阪7:50/8:00→下関18:00	2.3等寝台、和食堂車、柳井経由	18	神戸20:58→大阪21:35/21:40→東京8:45	1.2等、1.2等寝台、洋食堂車
1033	東京21:30→名古屋4:38/4:44→大阪8:37	不定期、2.3等寝台、和食堂車	1020	大阪21:50→名古屋1:45/1:51→東京9:00	不定期、2.3等寝台、和食堂車
17	東京21:40→大阪8:50/8:58→神戸9:37	1.2等、1.2等寝台、洋食堂車	20	神戸21:18→大阪21:55/22:00→東京9:15	2.3等寝台、和食堂車
1019	東京21:55→名古屋5:07/5:13→大阪9:07	不定期、2.3等寝台、和食堂車	1006	下関12:35→大阪22:46/20:50→東京9:30	不定期、2等寝台、和食堂車
1023	東京22:00→名古屋5:19/5:25→大阪9:17	2.3等寝台、和食堂車	6	下関12:50→大阪22:55/23:00→東京9:55	2.3等寝台、和食堂車
19	東京22:25→大阪9:40/9:50→下関19:35	2.3等寝台、和食堂車	1010	下関22:50→大阪9:10/9:20→東京19:35	不定期、2等寝台、和食堂車
1007	東京22:50→大阪10:20/10:30→下関20:40	不定期、2.3等寝台、和食堂車	10	下関23:00→大阪9:25/9:31→東京19:45	2.3等寝台、和食堂車
7	東京23:00→大阪10:37/10:45→下関21:00	1.2.3等、1.2.3等寝台、洋食堂車、展望車、呉経由	1022	大阪13:30→名古屋16:46/16:52→東京22:55	和食堂車
1025	大阪12:15→広島18:11/18:16→下関21:50	和食堂車	1026	下関8:30→広島12:01/12:06→大阪18:25	和食堂車
1027	東京21:35→広島3:42/3:48→神戸7:40	2.3等寝台、和食堂車	1028	下関12:20→広島1:10/1:16→大阪7:45	2.3等寝台、和食堂車
701	東京15:15→名古屋22:29/22:36→米原0:33	東京→名古屋間準急行	1242	名古屋21:50→東京6:05	不定期、準急行、鳥羽→名古屋間は回送
1241	東京21:45→名古屋5:45/5:50→鳥羽9:11	不定期、準急行	242	鳥羽18:48→名古屋22:08/22:14→東京6:35	準急行、2.3等寝台
241	東京22:35→名古屋6:04/6:09→鳥羽9:33	準急行、2.3等寝台	702	米原6:12→名古屋8:09/8:16→東京15:45	名古屋→東京間準急行
107	大阪14:10→岡山17:26/17:31→広島21:15	準急行、呉経由	108	広島8:30→岡山12:18/12:23→大阪15:42	準急行、呉経由

(注) 毎日6回、敦賀港行2等寝台車を下り急行1023列車に連結。上りは次の敦賀港発9:20、敦賀港着9:11。上りは敦賀港発9:20、米原から急行10列車に連結。

（福知山、山陰線）

列車番号	（下り）運転区間と時刻	備考	列車番号	（上り）運転区間と時刻	備考
401	大阪7:57→米子14:50/14:54→大社16:20	和食堂車	402	大社14:00→米子15:26/15:32→大阪22:20	和食堂車

（鹿児島、長崎、日豊本線）　門司は現在の門司港

列車番号	（下り）運転区間と時刻	備考	列車番号	（上り）運転区間と時刻	備考
3	門司8:50→熊本12:42/12:50→鹿児島16:56	和食堂車	8	鹿児島22:30→熊本3:42/3:52→門司7:05	2.3等寝台
203	門司9:00→大分11:54/12:01→宮崎16:30	和食堂車	102	長崎14:40→鳥栖17:34/17:40→門司19:40	長崎港発14:30、長崎港→長崎間普通、和食堂車
101	門司10:15→鳥栖12:17/12:23→長崎15:11	和食堂車	204	宮崎13:50→大分17:58/18:05→門司22:55	和食堂車
7	門司22:05→熊本2:16/2:25→鹿児島7:10	2.3等寝台	4	鹿児島12:50→熊本17:08/17:15→門司21:05	和食堂車

（下り） 列車番号	運転区間と時刻	備考	備考	（上り） 運転区間と時刻	列車番号
[日本海縦貫線、上越、信越本線]					
501	大阪10:01—新津22:09/22:15—青森7:28	2.3等寝台、和食堂車	2.3等寝台、和食堂車	青森22:20—新津7:29/7:35—大阪19:37	502
701	上野9:10—長岡14:43/14:48—新潟16:10	秋田行711列車を新津まで併結、和食堂車	不定期、2等寝台	金沢19:16—直江津23:00/23:06—上野7:10	1602
711	新津15:53—酒田19:02—秋田21:06	準急行、上野—新津間701列車に併結	2.3等寝台、直江津発23:58	大阪14:00—金沢19:59/20:05—上野7:36	602
1601	上野20:40—直江津3:32/3:37—金沢7:25	不定期、2等寝台	準急行、新津—上野間702列車に併結	秋田8:20—酒田10:23/10:29—新津13:37	712
601	上野21:00—金沢8:05/8:10—大阪13:50	2.3等寝台、直江津着4:14	秋田発712列車を新津から運結、和食堂車	新潟13:15—長岡14:39/14:44—上野20:26	702
[東北、常磐（奥羽本線）]					
103	上野10:00—仙台16:34/16:40—青森23:30	和食堂車	2.3等寝台、和食堂車、青森—秋田間普通列車	青森12:50—秋田17:10/17:28—上野7:50	406
1201	上野18:50—仙台0:30/0:36—青森7:28	不定期、2.3等寝台、和食堂車、常磐線経由	2.3等寝台、和食堂車、常磐線経由	青森22:00—仙台4:30/4:35—上野10:25	202
201	上野19:00—仙台0:50/0:56—青森7:45	2.3等寝台、和食堂車、常磐線経由	不定期、2.3等寝台、常磐線経由	青森22:10—仙台4:57/5:02—上野10:50	1202
405	上野22:00—秋田11:36/11:46—青森17:00	2.3等寝台	和食堂車	青森6:00—仙台12:39/12:45—上野19:05	104
101	上野13:30—仙台21:30/21:35—青森7:11	上野—仙台間準急行、2.3等寝台	上野—仙台間準急行、2.3等寝台	青森22:45—仙台8:30/8:35—上野16:19	102
（青函連絡船）					
3	青森0:30—函館5:00			函館0:30—青森5:00	4
1	青森8:20—函館12:50			函館7:30—青森12:00	6
61	青森14:10—函館19:10	臨時便	臨時便	函館11:50—青森16:20	62
5	青森18:00—函館22:30			函館17:00—21:30	2
（函館、宗谷本線）					
3	函館6:00—札幌12:16/12:20—稚内22:56	旭川着15:09、網走—旭川間普通列車、和食堂車	稚内発22:17、2.3等寝台、和食堂車	稚内桟橋22:10—札幌9:45/9:50—函館16:24	2
1001	函館13:07—長万部15:26/15:30—札幌19:23	不定期、和食堂車	不定期、和食堂車	札幌10:00—長万部14:07/14:11—函館16:43	1002
1	函館13:20—札幌19:44/19:50—稚内桟橋5:54	稚内着6:48、2.3等寝台、和食堂車	旭川発14:05、旭川間普通列車、和食堂車	網走6:00—旭川16:50/16:55—函館23:30	4

急行列車の切符（1）

別表2 1962（昭和37）年6月、客車急行、客車準急一覧

客車急行列車、客車準急列車を掲載。準急列車は列車番号欄に準と記載
定期列車および運転期間中の長い不定期列車を掲載
週末運転の準急列車は掲載せず
特記を除きすべて1、2等車（1960年7月から2等級制）

（下り）

（東京―山陽、九州間）

列車番号	運転区間と時刻	備考
1031	東京9:18→大阪18:09/18:15→西鹿児島12:33	不定期「桜島」
31	東京11:00→大阪18:53/19:05→鹿児島13:33	「霧島」2等寝台、食堂
33	東京12:30→大阪20:21/20:26→長崎11:42	「雲仙」2等寝台
2033	東京12:30→大阪20:21/20:26→西鹿児島10:56	2等寝台
35	東京14:35→大阪22:54/23:00→西鹿児島19:46	「高千穂」1等C、2等寝台食堂、東京肥前山口「雲仙」、日豊本線経由
23	東京20:30→大阪6:54/7:05→広島13:05	「安芸」1等B、2等寝台、食堂、呉線経由
25	東京21:00→大阪7:26/7:33→宇野11:16	「瀬戸」1等B、2等寝台、食堂
37	東京21:30→大阪808/8:15→大分20:10	「筑紫」2等寝台、食堂
2037	東京21:30→大阪808/8:15→大分21:42	「ぶんご」「筑紫」に併結、東京―門司間

（東京、関西―山陽、北陸間）

列車番号	運転区間と時刻	備考
201	東京20:00→名古屋2:42/2:49→鳥羽6:17	「伊勢」2等寝台
2201	東京20:00→名古屋2:42/2:49→新宮7:44	「那智」1等C、2等寝台、東京名古屋間「伊勢」に併結
901	東京20:20→米原4:44/4:50→金沢8:50	「能登」2等寝台
11	東京20:40→大阪7:10/7:16→神戸7:45	「銀河」寝台専用、1等AB、2等寝台
13	東京21:10→京都6:54/7:00→大阪8:44	「明星」寝台専用、1等AB、2等寝台
15	東京21:40→京都7:38/7:45→大阪8:22	「彗星」寝台専用、1等AB、2等寝台
1117	東京21:50→京都7:54/8:05→大阪8:40	不定期「あかつき」寝台専用、1等B、2等寝台
17	東京22:00→京都8:06/8:10→大阪8:57	「月光」寝台専用、1等B、2等寝台
19	東京22:10→大阪8:35/8:40→大阪9:20	「金星」寝台専用、指定席とも2等だけ
203	東京22:45→名古屋5:45/5:55→湊町9:13	「大和」1等B、2等寝台、関西本線用列車併結、京都紀勢線用列車併結、2等寝台車1両を王寺で分割、和歌山市着11:28

（名古屋、関西―山陽、九州）

列車番号	運転区間と時刻	備考
601	名古屋8:05→下関21:11/21:26→鹿児島5:55	「さつま」2等寝台、京都―岡山間「山川」に併結
201	京都19:22→門司6:22/6:27→都城9:01	「日向」1等C、2等寝台
203	大阪20:15→博多7:57/8:01→熊本10:15	「ひのくに」寝台専用、1等C、2等寝台
205	京都20:00→博多8:48/8:53→長崎14:08	「玄海」1等C、2等寝台、食堂
1207	大阪20:47→門司7:25/7:31→博多8:58	不定期「はやとも」
207	大阪20:40→門司7:42/7:48→熊本11:48	「天草」1等C、2等寝台、筑豊本線経由
209	大阪21:50→博多9:45/9:50→佐世保12:30	「平戸」2等寝台、筑豊本線経由
1201	大阪22:15→門司8:31/8:36→宮崎16:33	不定期「第2日向」
603	名古屋19:20→博多10:31/10:38→熊本13:05	「阿蘇」大阪発2:36、1等C、2等寝台、食堂
1205	大阪22:45→博多10:43/10:48→長崎14:08	不定期「第2玄海」
303	大阪22:30→糸崎→広島6:20	「音戸」寝台専用、1等B、2等寝台、呉線経由
準2305	京都23:05→糸崎4:32/4:38→広島6:55	準急「ななうら」呉線経由

（東京、関西―山陰）

列車番号	運転区間と時刻	備考
21	東京19:50→京都5:02/5:15→浜田14:45	「出雲」米子着11:42、1等B、2等寝台

（上り）

（東京―山陽、九州間）

列車番号	運転区間と時刻	備考
26	宇野16:35→大阪20:16/20:21→東京6:50	「瀬戸」1等B、2等寝台、食堂
38	博多9:05→大阪20:55/21:05→東京7:27	「筑紫」2等寝台、食堂
2038	大分7:32→大阪20:55/21:05→東京7:27	「ぶんご」2等寝台、門司―東京間「筑紫」に併結
24	広島15:20→大阪21:50/22:00→東京8:00	「安芸」1等B、2等寝台、食堂、呉線経由
34	長崎15:05→大阪21:50/22:00→東京14:50	「雲仙」2等寝台
2034	佐世保14:50→大阪6:29/6:37→東京14:50	「西海」2等寝台食堂、肥前山口―東京「雲仙」に併結
36	西鹿児島12:00→大阪8:36/8:40→東京16:50	「高千穂」1等C、2等寝台、食堂、日豊本線経由
1032	西鹿児島15:35→大阪9:37/9:42→東京17:45	不定期「桜島」
32	鹿児島15:55→大阪10:16/10:22→東京18:20	「ぶんご」2等寝台、食堂

（東京、関西―山陽、北陸間）

列車番号	運転区間と時刻	備考
202	鳥羽20:15→名古屋23:09/23:16→東京6:10	「伊勢」2等寝台
2202	新宮18:05→名古屋23:09/23:16→東京6:10	「那智」1等C、2等寝台、東京名古屋間「伊勢」に併結
902	金沢18:20→米原22:04/22:10→東京6:30	「能登」2等寝台
204	湊町20:11→名古屋23:34/23:45→東京6:40	「大和」1等B、2等寝台、関西本線経由、和歌山市発17:52の2等寝台車1両を王寺で連結
1118	大阪20:25→京都21:06/21:10→東京7:00	不定期「あかつき」寝台専用、1等B、2等寝台
14	大阪20:45→京都21:23/21:30→東京7:10	「明星」寝台専用、1等AB、2等寝台
12	神戸20:40→大阪21:13/21:20→東京7:35	「銀河」寝台専用、1等AB、2等寝台
16	大阪22:15→京都22:52/23:00→東京9:00	「彗星」寝台専用、1等AB、2等寝台、食堂
18	大阪22:30→京都23:11/23:15→東京9:09	「月光」寝台専用、1等B、2等寝台
2022	大阪23:00→京都23:38/23:45→東京9:36	「金星」寝台専用、寝台、指定席ともに2等席だけ、京都―東京間「出雲」に併結

（名古屋、関西―山陽、九州）

列車番号	運転区間と時刻	備考
604	熊本15:15→博多17:34/17:42→名古屋8:42	「阿蘇」大阪着5:32、1等C、2等寝台、食堂
準2306	広島22:30→糸崎0:41/0:46→京都6:41	準急「ななうら」呉線経由
1208	博多18:05→門司19:55/20:02→大阪6:19	不定期「はやとも」
304	広島23:10→糸崎2:12/2:17→大阪6:47	「音戸」寝台専用、1等B、2等寝台、呉線経由
202	都城12:40→門司20:55/21:01→京都7:59	「日向」1等C、2等寝台
210	佐世保17:04→博多19:39/19:45→大阪7:45	「平戸」2等寝台、筑豊本線経由
206	熊本16:35→門司20:01/20:08→京都9:08	「天草」1等C、2等寝台
208	熊本18:08→門司21:22/21:26→京都9:53	「ひのくに」寝台専用、1等C、2等寝台、筑豊本線経由
204	熊本19:15→門司21:32/21:37→大阪9:15	「玄海」1等C、2等寝台、食堂
1206	長崎18:55→博多22:10/22:15→大阪9:57	不定期「第2玄海」
1202	南延岡18:20→門司0:09/0:14→大阪10:42	不定期「第2日向」
602	鹿児島23:00→門司7:22/7:30→名古屋21:10	「さつま」2等寝台、岡山―京都間「山川」に併結

（東京、関西―山陰）

列車番号	運転区間と時刻	備考
2602	大社10:15→岡山14:55/15:07→京都18:41	「だいせん」伯備線経由、米子発11:43

（下り）列車番号	運転区間と時刻	備考	（上り）列車番号	運転区間と時刻	備考
701	大阪9:30→米子16:36/16:41→浜田19:35	東京-名古屋間、南紀観光団体専用列車併結	702	浜田10:00→米子12:52/12:57→大阪20:03	岡山-京都間、2等車の一部は大社発11:20
		「三瓶」、2等車の一部は浜田着18:10	22	浜田14:00→岡山13:55/23:30/23:45→東京9:36	「出雲」、米子発17:05、1等B、2等寝台併結
2601	京都10:26→岡山13:55/14:06→大社18:40	「だいせん」、伯備線経由、米子着17:18			京都-東京間「金星」併結
		京都-岡山間「さつま」に併結			
（紀勢線）					
準307	新宮10:15→白浜口12:29/12:30→天王寺16:11	準急「南紀2号」	準2106	天王寺9:31→白浜口13:03	準急「南紀2号」
準2107	白浜口14:15→天王寺17:53	客車(南海)は和歌山で分離、南海難波着16:22			(注)南海難波発22:07の客車は夜行普通
		準急「しらはま」			921列車に東和歌山-新宮間連結
（四国内）					
準109	高松13:05→多度津13:42/13:42→高知16:32	準急「南風」	準108	高知5:40→多度津8:39/8:43→高松19:19	準急「土佐1号」、2等だけ
（九州内）					
準507	門司港13:50→大分17:06/17:18→宮崎21:35	準急「青島」	準508	宮崎8:26→大分12:48/12:57→門司港16:13	準急「青島」
（北陸、日本海縦貫線）					
準505	大阪10:00→金沢15:34	準急「ゆのくに」	準510	富山21:06→金沢22:45/22:55→大阪5:35	準急「つるぎ」、1等C、2等寝台、富山-高岡間普通
503	大阪12:35→金沢18:05/18:18→富山19:37	「立山」	502	青森12:02→新潟21:15/21:30→大阪10:05	「日本海」、1等B、2等寝台、食堂
501	大阪19:10→新潟8:05/8:20→青森17:29	「日本海」、1等B、2等寝台、食堂	506	金沢10:40→大阪16:30	「ゆのくに」
準509	大阪23:15→金沢5:55/6:07→富山7:38	準急「つるぎ」、1等C、2等寝台、高岡-富山間普通	504	富山12:50→金沢14:03/14:15→大阪19:45	「立山」
準2047	秋田19:11→青森23:07	名無し準急、2等だけ、荷物列車に客車を連結	準2048	青森5:52→秋田9:59	名無し準急、2等だけ、荷物列車に客車を連結
（中央東線）					
準2405	新宿7:00→松本12:33	準急「穂高1号」	準1408	松本22:00→新宿4:20	不定期準急「白馬2号」
準1405	新宿13:48→松本19:51	不定期準急「白馬1号」	準2408	長野20:38→松本22:30/22:40→新宿5:05	準急「穂高2号」、1等C、2等寝台、長野-松本間普通
準2407	新宿22:35→松本4:45/6:10→長野7:50	準急「穂高2号」、1等C、2等寝台、松本-長野間普通	準2406	松本13:40→新宿19:00	準急「穂高1号」
準1407	新宿23:30→松本6:38	不定期準急「白馬2号」	準1406	松本16:00→新宿21:40	不定期準急「白馬1号」
（中央西線）					
準2805	名古屋11:00→松本12:33	準急「きそ1号」	準1808	長野23:00→松本0:34→名古屋5:37	不定期準急「おんたけ」
準1807	名古屋23:10→松本4:24/4:27→長野5:48	不定期準急「おんたけ」	準2808	長野23:30→松本1:06/1:11→名古屋6:38	準急「きそ2号」、1等C、2等寝台
準2807	名古屋23:55→松本4:56/5:06→長野6:27	準急「きそ2号」、1等C、2等寝台	準2806	長野12:47→松本14:27/14:37→名古屋19:12	準急「きそ1号」
（上信越、羽越線）					
701	上野9:30→長野14:10/14:13→新潟15:15	「佐渡」、食堂、上り佐渡は電車(80系)	準2308	直江津21:26→長野23:47/23:55→上野5:25	準急「妙高2号」、1等C、2等寝台、長野経由
601	上野9:45→長野14:23/14:30→金沢20:00	「白山」、富山着18:50	604	金沢19:00→富山20:10/20:17→上野5:58	「黒部」、1等C、2等寝台、長野経由
準1305	上野12:45→軽井沢16:06/16:12→長野18:17	不定期準急「高原」	710	新潟22:30→長岡0:02/0:08→上野6:23	「越後」、1等C、2等寝台
703	上野13:15→長野17:41/17:44→新潟18:50	「越路」	2602	金沢20:00→富山21:14/21:20→上野6:40	「北陸」、1等BC、2等寝台、上越線経由
準2305	上野14:00→長野19:18/19:24→直江津21:04	準急「妙高1号」	802	秋田19:20→新津0:43/0:50→上野7:00	「羽黒」、酒田発21:28、1等C、2等寝台
603	上野17:00→富山5:38/5:38→金沢5:56	「黒部」、1等C、2等寝台、長野経由	準2306	直江津7:40→長野9:43/9:49→上野15:12	準急「妙高1号」
801	上野21:00→新津3:13/3:20→秋田8:51	「羽黒」、酒田着6:38、1等C、2等寝台	702	新潟10:20→長岡11:28/11:31→上野16:01	「佐渡」、上り弥彦は電車(80系)
2601	上野21:25→富山6:51/6:58→金沢8:20	「北陸」、1等BC、2等寝台、上越線経由	準1306	長野14:00→軽井沢15:58/16:04→上野19:08	不定期準急「高原」
準709	上野22:30→長岡4:18/4:25→新潟5:52	準急「越後」、1等C、2等寝台	602	金沢9:15→長岡14:58/15:03→上野19:44	「白山」、富山発10:29
704	上野23:10→直江津7:20	準急「妙高2号」、1等C、2等寝台、長野直江津間普通	704	新潟16:00→長岡17:11/17:18→上野22:08	「越路」、食堂

表（下り・上り 時刻表）

（下り）

列車番号	運転区間と時刻	備考
	（上野-青森、常磐線経由）	
11	上野9:50-仙台15:34/15:42-青森23:23	「みちのく」食堂、青葉2等車の一部を仙台から連結
13	上野16:30-仙台22:14/22:20-青森5:47	「北上」寝台専用、1等B、2等寝台、食堂
15	上野19:10-仙台0:58/1:03-青森8:46	「十和田」食堂
17	上野19:50-盛岡5:09/5:14-青森9:10	「北斗」寝台専用、1等B、2等寝台、食堂
1019	上野21:00-盛岡6:20/6:32-青森10:49	不定期「第2十和田」
19	上野22:00-盛岡7:16/7:21-青森11:37	「いわて」1等C、2等寝台
21	上野23:00-盛岡9:53/10:05-青森14:15	「おいらせ」仙台着6:10、1等C、2等寝台
	（東北、奥羽、磐越西線、東北線経由）	
31	上野7:00-福島11:42-仙台13:03	「みやぎの」
2031	上野7:00-福島11:34/11:43-秋田17:43	「鳥海」食堂、上野-福島間「みやぎの」に併結
準105	上野7:50-郡山11:46/12:00-福島12:57	準急「しのぶ号」
準2105	上野7:50-郡山11:46/11:55-喜多方14:00	準急「ひばり1号」上野-郡山間「しのぶ号」に併結
33	上野9:20-福島14:00/14:10-仙台15:28	「青葉」2等車の一部は仙台から「みちのく」に連結
1033	上野9:40-仙台16:02/16:10-盛岡19:44	不定期「第2十和田」
35	上野11:50-仙台15:57/15:59-盛岡18:06	「吾妻」
2035	上野11:50-郡山15:47/15:52-会津若松17:29	「第1ばんだい」上野-郡山間「松島」に併結
37	上野13:30-福島18:12/18:21-仙台19:39	「松島」食堂
2037	上野13:30-郡山18:12/18:16-山形20:16	「蔵王」上野-福島間「松島」に併結
39	上野15:10-郡山21:12/21:28-青森5:16	「八甲田」食堂
107	上野17:00-仙台21:20/20:55-福島21:43	準急「しのぶ2号」
401	上野21:30-秋田18:25/8:32-青森12:00	「津軽」1等B、2等寝台
403	上野22:15-山形5:11/5:16-秋田9:48	「男鹿」1等B、2等寝台
準109	上野23:20-郡山3:48/4:00-仙台6:26	準急「あぶくま」1等C、2等寝台
準2109	上野23:20-郡山3:48/3:55-会津若松5:49	準急「ひばり2号」上野-郡山2等寝台、上野-郡山間「あぶくま」に併結
405	上野23:30-福島4:10/4:13-新庄7:24	「出羽」山形着6:16、1等C、2等寝台
	（青函連絡船）	
1便	青森0:10-函館4:35	
13便	青森6:20-函館10:50	
17便	青森9:30-函館14:00	
19便	青森12:15-函館16:45	
501便	青森18:20-函館22:50	
	（北海道内）	
1011	函館5:20-東室蘭9:14/9:20-札幌11:55	不定期「石狩」室蘭千歳線経由
11	函館6:00-長万部7:59/8:04-札幌11:25	「大雪」食堂、室蘭、小樽経由
17	函館14:25-札幌20:16/20:40-釧路6:09	準急「たるまえ」1等C、2等寝台、札幌-釧路間2等寝台連結
準109	函館23:10-東室蘭3:35/3:43-札幌6:50	準急「利尻」1等C、2等寝台
準307	札幌21:00-旭川23:54/0:23-稚内6:12	準急「利尻」1等C、2等寝台
準507	札幌22:10-北見5:56/6:15-網走8:04	準急「石北」1等C、2等寝台、北見-網走線経由

（上り）

列車番号	運転区間と時刻	備考
	（上野-青森、常磐線経由）	
22	青森15:35-盛岡19:59/20:06-上野6:00	「おいらせ」仙台発23:44、1等C、2等寝台
20	青森17:25-盛岡21:35/21:40-上野6:54	「いわて」1等C、2等寝台
1020	青森18:25-盛岡22:55/23:04-上野8:47	不定期「第2十和田」
18	青森20:30-盛岡0:42/0:47-上野10:04	「北斗」寝台専用、1等B、2等寝台、食堂
16	青森21:00-仙台5:04/5:10-上野11:11	「十和田」食堂
14	青森23:22-仙台6:57/7:05-上野12:48	「北上」寝台専用、1等B、2等寝台、食堂
12	青森5:35-仙台13:13/13:23-上野19:09	「みちのく」食堂、仙台まで青葉2等車の一部を運転
	（東北、奥羽、磐越西線、東北線経由）	
406	新庄20:50-福島0:11/0:13-上野5:10	「出羽」山形発22:07、2等寝台
404	秋田18:20-山形22:46/22:49-上野5:46	「男鹿」2等B、2等寝台
準110	仙台22:55-郡山1:27/1:41-上野6:15	準急「あぶくま」1等C、2等寝台
準2110	会津若松23:25-郡山11:10/11:41-上野6:15	準急「ひばり2号」郡山-上野間「あぶくま」に併結
402	青森18:00-福島21:44/21:52-上野9:26	「津軽」1等B、2等寝台
準108	福島7:15-郡山8:13/8:23-上野12:14	準急「しのぶ号」
40	青森23:57-仙台8:24/8:29-上野14:27	「八甲田」食堂、東北本線経由
38	仙台9:20-福島10:36/10:46-上野15:42	「松島」食堂
2038	山形8:35-福島10:36/10:46-上野15:42	「蔵王」福島-上野間「松島」に併結
36	仙台10:55-郡山13:12/13:21-上野17:12	「吾妻」食堂
2036	会津若松11:28-郡山13:01/13:21-上野17:12	「第1ばんだい」郡山-上野間「吾妻」に併結
1034	盛岡9:08-仙台12:35/12:40-上野19:04	不定期「第2十和田」
34	仙台13:35-仙台15:01/15:06-上野19:50	「青葉」2等車の一部は仙台まで「みちのく」に運転
32	仙台15:01-福島16:24/16:34-上野21:10	「みやぎの」
2032	山形16:25-福島16:24/16:34-上野21:10	「鳥海」食堂、福島-上野間「みやぎの」に併結
準106	福島17:28-郡山18:28/18:35-上野22:29	準急「しのぶ2号」
準2106	喜多方16:05-郡山18:25/18:35-上野22:29	準急「ひばり1号」上野-郡山間「しのぶ1号」に併結
	（青函連絡船）	
2便	函館0:15-青森4:45	
502便	函館6:00-青森10:40	
20便	函館12:20-青森17:00	
18便	函館15:30-青森20:10	
14便	函館18:10-青森22:50	
	（北海道内）	
準308	稚内20:52-旭川22:49/22:58-札幌5:47	準急「利尻」1等C、2等寝台
準508	網走20:55-北見22:26/22:35-札幌6:33	準急「石北」1等C、2等寝台、網走-北見間普通
準110	室蘭22:50-東室蘭1:14/1:19-函館5:35	準急「たるまえ」1等C、2等寝台、室蘭千歳線経由
18	札幌8:51/9:10-函館15:06	「まりも」食堂、小樽経由
釧路22:00	釧路22:00	釧路-札幌間1等C寝台、2等寝台
12	札幌16:55-長万部20:19/20:24-函館22:30	「大雪」札幌-函館間全車指定席、小樽経由
1012	札幌22:10-東室蘭18:53/18:58-函館23:00	不定期「石狩」室蘭千歳線経由

別表3　1969（昭和44）年7月、客車急行一覧

客車急行列車を掲載
定期列車および季節列車の長い季節列車を掲載、「桜島」は臨時列車だが運転期間が長いため掲載
グリーン車連結列車は備考欄にGと記載（同年5月から1等、2等がなくなり、グリーン車、普通車となる）
全車指定席および座席指定車との列車を表示する。
寝台車と座席指定車だけの列車であっても、両者の比率がやや平々な程度の場合は全車指定と表示する。「出雲」は寝台列車だが普通車指定席が下りは京都から自由席のための全席指定と表示する。
季節列車は時刻は下り編成により編成および時刻が変わることもある

（下り）

列車番号	運転区間と時刻	備考
【東京〜関西・山陽・九州間】		
6031	東京7:25→鳥栖4:08/4:14→長崎6:54	季節「ながさき」G、寝台列車で運転の日あり
8105	東京10:30→博多6:01/6:04→西鹿児島12:04	臨時「桜島」大阪発18:41、G
31	東京11:10→門司5:28/5:35→西鹿児島12:25	「霧島」大阪発19:19、G、鹿児島本線経由、食堂
2031	東京11:10→門司5:28/5:41→西鹿児島15:24	「高千穂」大阪発19:19、G、日豊本線経由、食堂
35	東京19:55→大阪5:25/5:32→宇野9:08	「瀬戸1号」寝台列車、AB寝台、ビュフェ
37	東京20:05→大阪5:30/5:35→広島12:15	「安芸」寝台列車、AB寝台、食堂、呉線経由
201	東京20:30→名古屋2:40/2:51→紀伊勝浦8:30	「紀伊」全車指定、G、AB寝台、亀山で分割し
39	東京20:45→大阪6:16/6:23→宇野10:01	「瀬戸2号」全車指定、多久で分割し鳥羽行6:03
101	東京21:45→京都6:34/6:38→大阪7:17	「銀河1号」全車指定、AB寝台
103	東京22:40→大阪7:51/8:04→姫路9:29	「銀河2号」AB寝台
【名古屋、関西〜山陽、九州間】		
201	大阪15:00→門司0:54/1:01→西鹿児島8:30	「しろやま」広島発20:34、G、AB寝台
6215	大阪18:19→門司4:00/4:15→佐世保8:09	季節「西海1号」寝台列車で運転の日あり
7215	大阪18:19→門司4:00/4:21→大分7:00	季節「べっぷ2号」大阪〜門司間、西海1号に併結
6203	大阪18:55→博多6:11/6:13→長崎9:22	季節「雲仙1号」G
6217	大阪19:07→門司5:16/5:24→大分9:07	季節「べっぷ3号」G
203	大阪19:48→博多6:58/7:11→佐世保9:53	「西海2号」G、AB寝台
205	大阪20:06→大分8:54/9:02→宮崎13:12	「日南1号」G、AB寝台
6205	大阪20:19→門司9:13/9:22→大分14:30	季節「くじ1号」G、寝台列車、筑豊本線経由
207	大阪20:10→門司7:09→熊本10:31	「天草」G、AB寝台、筑豊本線経由
209	京都20:25→大分9:54/10:08→晶城16:02	「日南3号」G、B寝台
211	京都21:15→博多9:48/9:51→長崎13:19	「雲仙2号」G、AB寝台、食堂
1213	名古屋19:15→博多9:56/9:59→熊本11:51	「雲仙3号」大阪発22:20、G、AB寝台
215	大阪23:08→門司8:48/9:04→博多10:27	「くじ3号」寝台列車、食堂
301	新大阪23:02→広島5:50/5:56→下関9:52	「音戸1号」寝台列車、呉線経由
303	京都22:58→糸崎6:30→広島6:54	「音戸2号」G、B寝台、呉線経由
【山陰方面】		
33	東京19:30→京都4:09/4:20→浜田14:15	「出雲」米子着10:55、G、AB寝台、食堂
701	大阪21:25→米子5:21/5:28→大社7:20	「だいせん3号」G、AB寝台、出雲市〜大社間普通
801	米子22:00→下関5:51/6:05→博多7:30	「さんべ3号」G、B寝台
【九州内】		
101	門司港21:45→博多23:18/23:26→西鹿児島6:00	「かいもん2号」G、B寝台
【北陸、日本海縦貫線】		
501	大阪20:45→新潟8:48/9:07→青森18:32	「きたぐに」G、食堂、大阪〜新潟間AB寝台連結
503	大阪23:30→金沢5:10/5:14→富山6:11	「つるぎ」寝台列車、AB寝台

（上り）

列車番号	運転区間と時刻	備考
【東京〜関西・山陽・九州間】		
202	紀伊勝浦18:17→名古屋23:54/0:01→東京6:15	「紀伊」全車指定、G、AB寝台、鳥羽発21:00を多久で運結、奈良21:10を亀山で運結
40	宇野17:25→大阪20:49/20:59→東京6:30	「瀬戸1号」全車指定、G、AB寝台、食堂
38	広島15:00→大阪21:07/21:12→東京6:40	「安芸」寝台列車、AB寝台、食堂、呉線経由
102	大阪21:30→京都22:10/22:14→東京7:03	「銀河1号」全車指定、A個室、AB寝台
104	姫路20:30→大阪22:31/22:40→東京9:39	「銀河2号」AB寝台
36	宇野19:55→大阪23:15/23:21→東京10:00	「瀬戸2号」全車指定、G、寝台列車で運転の日あり
6032	長崎19:30→鳥栖19:36/19:36→東京15:25	季節「ながさき」G、寝台列車、門司〜東京京都線経由
32	西鹿児島14:33→門司21:48/21:58→東京15:57	「霧島」大阪着7:53、G、鹿児島本線経由
2032	西鹿児島11:54→門司21:40/21:58→東京15:57	「高千穂」G、日豊本線経由、門司着10:27、G
8106	西鹿児島17:00→博多23:12/23:21→品川19:30	臨時「桜島」大阪着19:30
【名古屋、関西〜山陽、九州間】		
304	広島22:41→糸崎発0:56→京都6:08	「音戸1号」G、呉線経由
302	下関19:30→広島23:16/23:26→新大阪6:23	「音戸2号」寝台列車、AB寝台、呉線経由
216	博多19:13→下関20:37/20:45→新大阪6:33	「くじ3号」寝台列車、AB寝台
1214	熊本17:15→博多19:16/19:26→名古屋9:54	「阿蘇」大阪着6:46、G、AB寝台
210	鹿児島7:16→大分9:53/10:18→京都17:44	「日南1号」大分発18:15→京都7:44
204	佐世保17:33→博多20:11/20:18→大阪7:19	「西海2号」G、B寝台
208	熊本17:50→門司21:35/21:44→京都8:09	「天草」G、AB寝台、筑豊本線経由
6218	大分19:31→門司22:15/22:22→新大阪8:11	季節「べっぷ2号」大阪〜門司で運転の日あり
6216	佐世保18:46→門司22:43/22:51→大阪9:08	季節「西海2号」門司〜大阪間、西海2号に併結
7216	大分19:40→門司22:51/23:01→大阪9:22	季節「べっぷ3号」門司〜大阪間、西海2号に併結
6204	長崎18:32→博多22:01/22:03→大阪9:22	季節「雲仙2号」G
6206	宮崎16:02→大分21:02/21:10→大阪9:48	季節「日南2号」G
212	長崎19:30→博多22:35/22:43→京都10:39	「雲仙3号」G、AB寝台、食堂
206	宮崎17:32→大分21:27/21:35→新大阪10:28	「日南3号」寝台列車、呉線経由
202	西鹿児島20:05→門司4:46/4:53→大阪14:26	「しろやま」広島着8:53、G、AB寝台
【山陰方面】		
802	博多21:52→下関23:20/23:28→米子7:02	「さんべ3号」G、B寝台
702	出雲21:20→米子22:35/22:42→大阪6:43	「だいせん4号」G、AB寝台
34	浜田11:50→京都22:22/22:29→東京7:15	「出雲」米子発15:12、全車指定、G、AB寝台、食堂
【九州内】		
102	西鹿児島23:00→博多5:44/5:48→門司港7:22	「かいもん3号」G、B寝台
【北陸、日本海縦貫線】		
504	富山22:30→金沢23:35/23:40→大阪5:13	「つるぎ」寝台列車、AB寝台
502	青森11:51→新潟20:57/21:20→大阪9:22	「きたぐに」G、食堂、新潟〜大阪間AB寝台連結

(下り) ... (上り)

列車番号	運転区間と時刻	備考	列車番号	運転区間と時刻	備考
〔中央西線〕					
815	名古屋23:55→松本4:20/4:25→長野5:48	「きそ8号」B寝台	816	長野23:20→松本0:58/1:06→名古屋6:00	「きそ7号」B寝台
〔上信越、羽越線〕					
601	上野10:04→長野13:46/13:51→金沢19:06	「白山」直江津着15:32, G	302	直江津21:35→長野23:47/23:58→上野4:50	「妙高4号」AB寝台, 直江津–長野間普通
6601	上野20:00→長岡0:22/0:31→福井7:14	季節「北陸1号」金沢着6:15, G, AB寝台	702	新潟23:05→長岡0:20/0:35→上野5:40	「天の川」寝台列車, AB寝台
603	上野20:40→長野1:01/1:15→福井7:33	「越前」金沢着6:18, G, AB寝台	6602	福井18:35→長岡23:44/23:58→上野5:54	季節「北陸1号」金沢発19:58, B寝台, 上越線経由
801	上野21:00→長野2:38/2:51→秋田8:47	「鳥海2号」酒田着8:47	6802	秋田18:05→新津23:44/23:58→上野6:00	「陸羽2号」金沢発20:30, G
1601	上野21:28→長岡1:59/2:10→金沢7:55	「北陸2号」寝台列車, B寝台	1602	金沢20:15→長岡1:21/1:31→上野6:34	「北陸2号」寝台列車, B寝台
6801	上野22:34→新津4:39/4:57→秋田10:56	「北陸3号」酒田着8:27, G	802	秋田19:05→新津0:32/0:43→上野6:42	「鳥海2号」酒田発20:57, G, AB寝台
701	上野22:48→長岡3:59/4:07→新潟5:20	「天の川」寝台列車, AB寝台	604	福井19:20→長野2:17/2:35→上野7:03	「越前」金沢発20:57, G, AB寝台
301	上野23:58→長岡5:00/5:24→直江津7:25	「妙高4号」上野–直江津間普通	602	金沢10:00→長野15:28/15:33→上野19:30	「白山」直江津発13:48, G
〔上野–青森、常磐線経由〕					
201	上野12:10→仙台17:52/17:58→青森23:45	季節「十和田1号」G, 食堂	6204	青森15:30→仙台21:56/22:09→上野5:00	季節「十和田2号」G, 仙台–福島間普通
6201	上野16:20→仙台22:07/22:16→青森4:30	季節「十和田3号」寝台列車の日あり	204	青森16:43→仙台22:51/23:06→上野5:30	季節「十和田3号」G, 食堂
6203	上野19:50→盛岡5:01/5:05→青森8:59	季節「十和田3号」寝台列車の日あり	6206	青森19:00→盛岡23:33/23:35→上野5:06	季節「十和田4号」寝台列車の日あり
203	上野20:35→盛岡5:40/5:45→青森8:59	季節「十和田4号」G, AB寝台	206	青森21:30→盛岡22:00/22:05→上野6:53	季節「十和田5号」G, AB寝台
205	上野22:40→盛岡7:58/8:03→青森11:10	季節「十和田5号」G, AB寝台, ビュフェ	208	青森21:30→盛岡0:35/0:40→上野9:52	季節「十和田6号」G, AB寝台
6205	上野23:05→盛岡8:30/8:35→青森11:40	季節「十和田6号」寝台列車の日あり	6202	青森0:20→仙台6:26/6:35→上野12:10	季節「十和田6号」寝台列車の日あり
207	上野23:30→仙台6:05/6:16→青森12:30	季節「十和田7号」G, B寝台, 食堂	202	青森5:20→仙台11:06/11:16→上野16:53	季節「十和田1号」G, B寝台, 食堂
〔東北、奥羽、磐越西線、東北経由〕					
101	上野19:00→仙台0:17/0:32→青森6:15	「八甲田2号」G, B寝台, 東北本線経由	1104	仙台20:52→福島22:57/23:30→上野4:44	「あづま2号」G, 仙台–福島間普通
401	上野19:35→秋田5:53/6:01→青森10:01	「津軽1号」G, B寝台	2204	会津若松22:00→郡山0:20/0:40→上野4:44	「ばんだい3号」G, B寝台, 郡山–上野間あづま2号に併結
6401	上野20:04→秋田6:53/7:08→大館8:59	季節「おが3号」G, B寝台	1102	仙台23:15→福島0:48/0:55→上野5:44	「新星」寝台列車, AB寝台
403	上野21:15→新庄5:08/5:15→秋田8:36	「津軽3号」G, AB寝台	104	盛岡21:10→一ノ関22:26/22:28→上野6:14	季節「おが3号」男鹿延長(9:52発)の日あり
103	上野22:08→一ノ関5:23→盛岡7:00	「北星」寝台列車, AB寝台	402	秋田14:45→新庄18:33/18:50→上野6:23	「津軽1号」G, AB寝台
405	上野22:22→秋田19:48/9:58→青森13:36	「津軽2号」G, AB寝台	404	青森19:50→新庄23:07/23:12→上野9:50	「おが3号」G, B寝台, 男鹿発(18:20発)の日あり
1101	上野23:40→福島4:31/4:38→仙台6:10	「新星」寝台列車, AB寝台	6402	大館18:55→秋田21:07/21:20→上野9:24	季節「おが2号」G, AB寝台
1103	上野23:54→福島5:29/6:24→仙台8:21	「ばんだい2号」G, 福島–仙台間普通	406	青森19:15→秋田22:55/23:17→上野10:13	「津軽2号」G, AB寝台
2203	上野23:54→郡山4:28/4:35→会津若松5:55	「あづま2号」G, B寝台, 福島, 上野那山あづま2号に併結	102	青森23:59→仙台6:00/6:06→上野11:20	「八甲田2号」G, B寝台, 東北本線経由
〔青函連絡船〕					
11便	函館0:05→青森3:55		12便	函館0:05→青森3:55	
1便	函館0:30→青森4:20		2便	函館0:30→青森4:20	
3便	函館5:20→青森9:10		20便	函館7:30→青森11:20	
5便	青森7:25→函館11:15		106便	函館10:10→青森14:00	
19便	青森10:00→函館13:50		22便	函館12:15→青森16:05	
21便	青森12:15→函館16:05		24便	函館14:50→青森18:40	
23便	青森14:30→函館18:20		4便	函館17:00→青森20:50	
105便	青森17:00→函館20:50		26便	函館19:20→青森23:10	
27便	青森19:10→函館23:00		6便	函館19:45→青森23:35	
〔北海道内〕					
103	函館14:15→長万部16:20/16:26→札幌20:08	「ニセコ3号」小樽着19:26, G	318	稚内19:20→旭川2:38/3:06→札幌5:40	「利尻2号」G, AB寝台
1217	函館23:46→東室蘭3:33/3:41→札幌6:10	「すずらん6号」G, AB寝台, 室蘭千歳線経由	518	網走20:40→北見22:13/22:23→札幌6:19	「大雪6号」G, AB寝台, 網走–北見間普通
317	札幌21:00→旭川23:43/23:59→稚内6:41	「利尻3号」G, AB寝台	418	釧路20:50→滝川4:54/5:04→札幌6:30	「狩勝3号」G, AB寝台
417	札幌21:30→滝川0:22/0:55→釧路6:15	「狩勝4号」寝台列車, G, AB寝台	1218	札幌21:25→東室蘭1:45/2:02→函館6:15	「すずらん6号」G, AB寝台, 室蘭千歳線経由
517	札幌22:05→北見5:46/6:14→網走7:58	「大雪6号」G, AB寝台, 北見–網走間普通	104	札幌22:05→長万部13:50/13:57→函館16:10	「ニセコ1号」小樽発10:45, G

別表4　1975（昭和50）年3月、客車急行一覧

客車急行列車を掲載
定期列車および運転期間の長い季節列車を掲載。北陸線「加賀」は臨時だが運転日が多いための掲載
グリーン車連結列車は備考欄にGと記載
全車寝台車および座席指定車だけの列車は寝台車・指定車と表示する。

列車番号	運転区間と時刻（下り）	備考（下り）	列車番号	運転区間と時刻（上り）	備考（上り）
（東海道、山陽、九州方面）					
6101	東京21:55→京都6:59/7:06→大阪7:42	季節「銀河51号」全車指定、12系	104	大阪23:10→京都23:49/23:50→東京9:36	「銀河51号」寝台列車、AB寝台、指定席
103	東京22:45→大阪7:24/7:25→大阪8:00	「銀河」寝台列車、AB寝台、指定席	6102	大阪23:20→京都0:06/0:15→品川9:34	季節「銀河51号」全車指定、12系
201	新大阪18:12→博多6:15/6:26→長崎9:39	「雲仙」全車指定、14系	204	熊本17:10→門司20:36/20:45→新大阪7:18	「阿蘇」博多発19:23、全車指定、14系
4201	新大阪18:12→博多6:15/6:26→佐世保9:17	「西海」全車指定、14系、肥前山口まで雲仙に併結	206	大分18:42→門司21:25/21:35→大阪7:49	「くにさき」全車指定、14系
203	新大阪19:15→門司5:38/5:48→熊本9:07	「阿蘇」博多着7:02、全車指定、14系	202	長崎19:08→博多22:09/22:11→新大阪5:58	「雲仙」全車指定、14系
205	大阪20:44→門司6:41/6:47→大分9:38	「くにさき」全車指定、14系	4202	佐世保19:31→博多22:09/22:11→新大阪5:58	「西海」全車指定、14系、肥前山口から雲仙に併結
101	門司港21:40→博多22:3?/0:11→西鹿児島9:16	「かいもん4号」B寝台、一部指定席	102	西鹿児島22:08→博多5:45/5:45→門司港7:24	「かいもん4号」B寝台、一部指定席
501	門司港22:20→宮崎5:45/5:55→西鹿児島9:44	「日南4号」B寝台、一部指定席、宮崎から普通列車	502	西鹿児島19:13→宮崎22:43/22:59→門司港7:06	「日南4号」B寝台、一部指定席、宮崎まで普通列車
（山陰方面）					
705	大阪21:32→米子5:18/5:24→大社7:19	「だいせん2号」寝台列車、G、AB寝台、指定席　出雲市→大社間普通	706	出雲市21:06→米子22:30/22:36→大阪6:39	「だいせん3号」寝台列車、G、AB寝台、指定席
801	米子21:40→下関5:48/5:54→博多7:36	「さんべ3号」B寝台、一部指定席	802	博多21:53→下関23:22/23:30→米子7:05	
（北陸、日本海縦貫線）					
8513	大阪10:51→福井14:08/14:09→金沢15:44	臨時「加賀」全車指定、14系、湖西線経由	502	青森12:58→新潟20:55/21:20→大阪8:27	「きたぐに」G、一部指定席、普通車連結12系　新潟→大阪間AB寝台連結
501	大阪22:10→新潟8:54/9:08→青森17:11	「きたぐに」G、普通車連結12系　大阪→新潟間AB寝台連結	8514	金沢11:28→福井12:32/13:01→大阪16:29	臨時「加賀」全車指定、14系、湖西線経由
（中央西線）					
801	名古屋23:55→長野5:32/5:53→直江津8:19	「きそ6号」B寝台、長野、長野→直江津間普通	802	長野23:24→松本0:50/1:03→名古屋5:45	「きそ5号」B寝台
（上信越、羽越線）					
603	上野20:51→長野5:55/1:15→福井7:12	「越前」金沢着6:00、G、AB寝台	302	直江津21:35→長野23:50/23:59→上野4:47	「妙高5号」AB寝台、直江津→長野間普通
801	上野21:14→新津2:35/2:47→秋田8:16	「鳥海」酒田着6:04、G、AB寝台	802	秋田17:48→新潟22:50/23:12→上野5:55	「天の川」寝台列車、酒田発19:55、AB寝台
3605	上野21:48→長岡2:28/2:38→金沢6:51	「能登」G、AB寝台、上越線経由	3604	金沢21:07→長岡1:19/1:37→上野6:38	「能登」G、AB寝台、一部指定席、上越線経由
803	上野22:38→新潟5:06/5:35→秋田10:24	「天の川」寝台列車、酒田着8:29、AB寝台	804	秋田19:02→新潟0:26/0:40→上野6:41	「鳥海」酒田発21:33、G、AB寝台
301	上野23:18→新潟4:59/5:20→直江津7:19	「妙高5号」AB寝台、長野→直江津間普通	606	福井20:32→長野2:25/2:34→上野7:04	「越前」金沢発21:43、G、AB寝台
（上野→青森間「八甲田」は東北本線経由、「十和田」は常磐線経由）					
101	上野19:10→仙台0:39→青森6:15	「八甲田」G、一部指定席	202	青森16:35→仙台22:58→上野5:20	「十和田1号」G、一部指定席、仙台青森間寝台連結
6201	上野20:10→盛岡5:02/5:06→青森8:12	季節「十和田1号」G、12系、一部指定席	204	青森19:50→盛岡22:48/22:50→上野7:25	「十和田2号」G、AB寝台、一部指定席
201	上野20:50→盛岡5:46/5:55→青森9:07	「十和田2号」G、AB寝台、一部指定席	6202	青森21:35→盛岡0:35/0:40→上野9:54	季節「十和田3号」G、12系、一部指定席
203	上野23:21→仙台5:34/5:41→青森11:40	「十和田3号」G、一部指定席	102	青森22:03→仙台5:30/5:35→上野11:07	「八甲田」G、一部指定席、青森仙台間B寝台連結

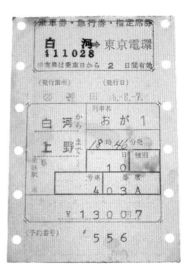

（下り）

列車番号	運転区間と時刻	備考
（東北、奥羽線）		
401	上野19:27→秋田5:56/6:04→青森9:17	「津軽1号」G、AB寝台、一部指定席
6401	上野21:19→秋田18:18/9:00→男鹿10:02	季節「おが2号」G、AB寝台、一部指定席
403	上野22:41→秋田9:11/9:19→青森12:22	「津軽2号」G、AB寝台、一部指定席
1101	上野23:41→福島4:21/4:32→仙台6:01	「新星」寝台列車、AB寝台
（青函連絡船）		
11便	青森0:10→函館4:00	
1便	青森0:35→函館4:25	
3便	青森5:25→函館9:15	
5便	青森7:30→函館11:20	
7便	青森9:10→函館13:40	
17便	青森10:15→函館14:05	
21便	青森12:05→函館15:55	
23便	青森14:35→函館18:25	
25便	青森17:00→函館20:50	
27便	青森19:25→函館23:15	
（北海道内）		
103	函館14:30→長万部16:20/16:27→札幌19:58	「ニセコ2号」小樽着19:14、G、AB寝台、一部指定席
1217	函館23:40→東室蘭3:32/3:48→札幌6:10	すずらん4号G、AB寝台、一部指定席
317	札幌21:20→旭川23:50/0:20→稚内6:25	「利尻」G、AB寝台、一部指定席
417	札幌21:30→滝川23:06/23:18→釧路6:15	「狩勝4号」寝台列車、G、釧路経由
517	札幌22:15→北見5:42/6:15→網走7:53	大雪5号、G、北見網走普通

（上り）

列車番号	運転区間と時刻	備考
1102	仙台23:15→福島0:48/0:55→上野5:44	「新星」寝台列車、AB寝台
402	青森15:40→秋田18:43/18:55→上野6:04	「津軽1号」G、AB寝台、一部指定席
6402	男鹿18:29→秋田19:46/20:00→上野6:22	季節「おが2号」G、AB寝台、一部指定席 秋田→男鹿間快速
404	青森20:20→秋田23:37→上野10:04	男鹿→秋田間快速 「津軽2号」G、AB寝台、一部指定席
12便	函館0:15→青森4:05	
2便	函館0:40→青森4:30	
26便	函館7:10→青森11:00	
24便	函館10:05→青森14:05	
22便	函館12:15→青森16:05	
8便	函館14:40→青森18:30	
18便	函館15:05→青森18:55	
4便	函館17:00→青森20:50	
16便	函館19:25→青森23:15	
6便	函館19:50→青森23:40	
318	稚内20:55→旭川12:45/3:12→札幌6:00	「利尻」G、AB寝台、一部指定席
518	網走20:33→北見22:07/22:27→札幌6:00	大雪5号、G、AB寝台、一部指定席、網走北見普通
418	釧路21:30→滝川14:48/4:56→札幌6:33	「狩勝3号」寝台列車、G、AB寝台、一部指定席
1218	札幌23:15→東室蘭1:42/2:00→函館6:10	すずらん4号G、AB寝台、指定席
104	札幌10:15→長万部13:58/14:07→函館16:10	「ニセコ2号」小樽発10:55、G、一部指定席

【コラム】著名人が描く客車急行
作曲家・さだまさしと急行「雲仙」

　作曲家（シンガーソングライター）として活動するさだまさし（本名、佐田雅志、1952年4月生まれ）については説明の要がないだろう。1965（昭和40）年春、東京でヴァイオリンのレッスンを受けるため長崎の小学校から東京葛飾の区立中学校に入学し一人で下宿を始めた。さだが著した「美しき日本の面影」（2006、新潮社）に「帰郷」と題した小文がある。

　中学2年から3年への春休み、1967（昭和42）年3月末。さだは故郷長崎への望郷の念が抑えられなくなり、毎日東京駅へ行き長崎行急行「雲仙」を眺めていたが、ついに「雲仙」に乗ってしまった。もちろん切符も旅費も持っていない。最初は横浜まで乗って戻るつもりだった。『窓側の席はほとんど人が埋まっていたが、ちょうど向かいあった4人がけのブロックがひとつ丸々空いていたのを見つけ、その窓際に腰かけた（中略）そこへ大学生らしい男性が現れ、空いてますか？と指さして聞いた』『僕がはいと答えた途端、じゃ失礼と大きな荷物を網棚に上げて座った』これが運命的？な出会いになる。

　急行「雲仙」長崎行は「西海」佐世保行と併結で東京発10時30分、長崎着翌日10時27分、1358.9km一昼夜24時間の長旅である。

　車掌が切符拝見にやってきたが切符はもっていない。切符を探すふりをして財布ごとなくしたようですと嘘をつく。車掌に行先を聞かれ長崎と小声で答えると、『「君、家は長崎市内？」急に大学生が聞いた。「はい、西北です」「分かった！」大学生は決心したように言った。「僕は市内の小島町だから君の旅費を僕が立て替えよう」「ご両親は長崎におられるのだろう、帰ってから君が返してくれればいいよ』』東京から長崎まで運賃3,140円、急行券500円、合計3,640円。今の感覚では18,000円くらいだろうか。『静岡あたりで弁当をふたつ買って、ひとつを僕に差し出した。「これは僕のおごりだよ』』

　深夜、「雲仙」は山陽路をひた走る。『その大学生はなにもなかったように腕組みしたままぐっすり眠っているようだった』当時の座席夜行はみなこの姿勢で固い座席で座ったまま寝た。1ボックス2人なら楽で交互に足を前の席に伸ばした。門司を過ぎるとまわりの乗客の九州訛が急に増える。「雲仙」は鳥栖着7時16分で6分停車、その大学生は『ここのうどんは旨い』と言って二杯のうどんを持って戻ってきた。鳥栖からDD51に牽かれ「雲仙」は有明海に沿って走る。『諫早駅からは今度は大村湾沿いに海辺を走る（中略）次に待ち構えているのは胸突き八丁の本河内のトンネルだ。狭い上り坂のトンネルを抜けるとき、雲仙の車内は機関車の煤煙で満たされる』トンネルを抜けると長崎市内だ。その大学生と名前、住所、電話番号を「交換」したことはもちろんである。改札口で100円を手渡された。『これは君にあげる、バスか市電で帰りなさい』

　その大学生は団塊の世代かその少し前の世代で、長崎から東京の名の通った大学に進学したのだろう。当時も今も、地方から東京の大学への進学は学力もさることながら仕送りができる「経済力」が家庭にないとできないことである。さだの文章からも「育ちの良さ」が感じられる。長時間乗り続ける客車急行の旅、見知らぬ乗客同士の数限りないふれあいがあったことだろう。（文中敬称略）

1949（昭和24）年に建てられた三角屋根の長崎駅。長らく市民や観光客に親しまれたが1999（平成11）年に取り壊された。◎長崎本線　長崎　1975（昭和50）年8月　撮影：山田 亮

特殊設備のある旅客列車一覧表
（昭和15年３月）／日本～朝鮮半島・中国大陸の連絡時刻表

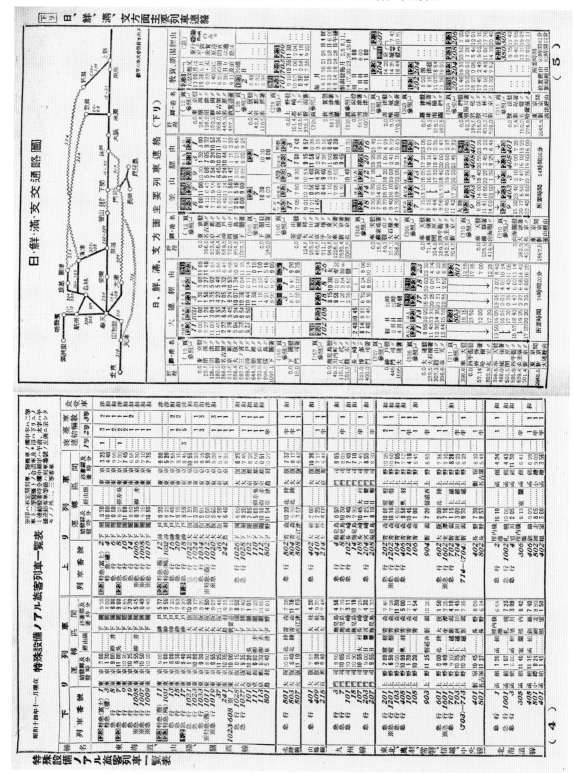

日本～朝鮮半島・中国大陸・欧亜連絡時刻表（昭和14年11月）

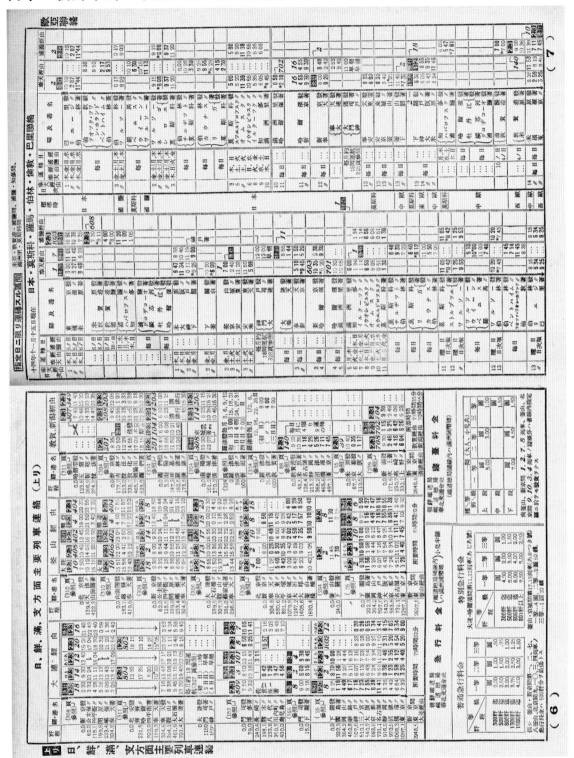

東京以西連絡時刻表（昭和14年11月）

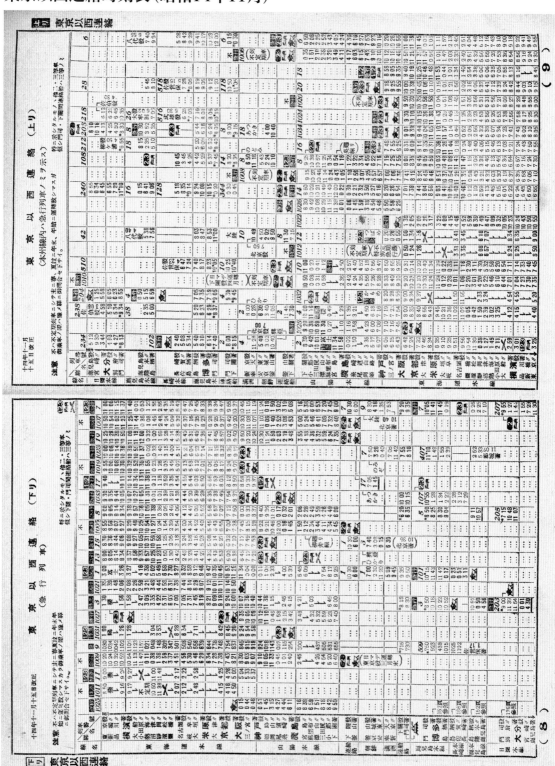

東京以北連絡時刻表（昭和14年11月）

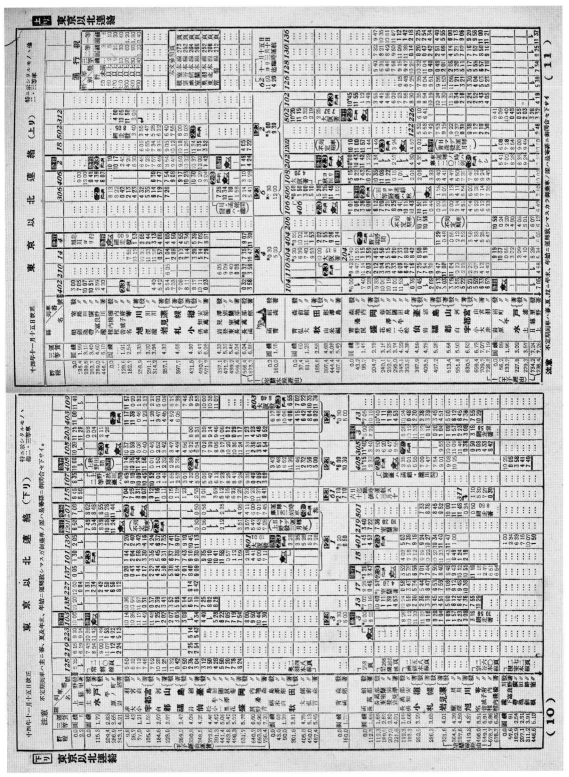

主要幹線の連絡時刻表（昭和41年3月）

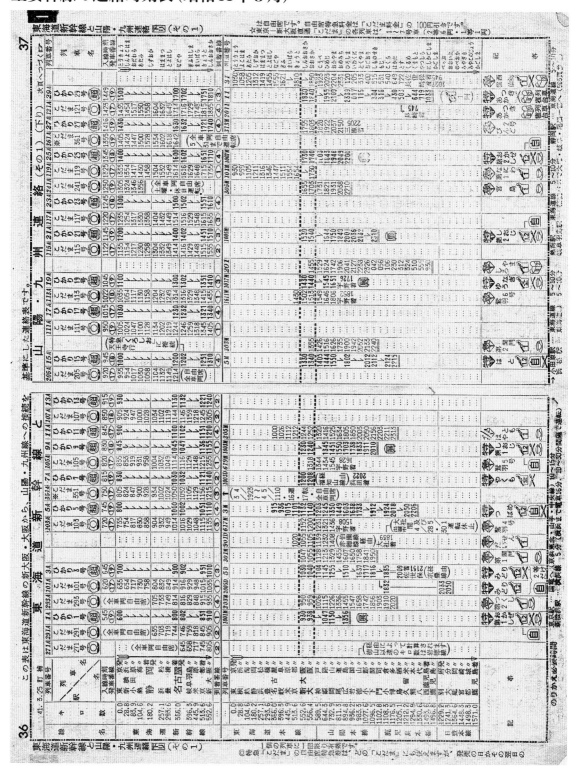

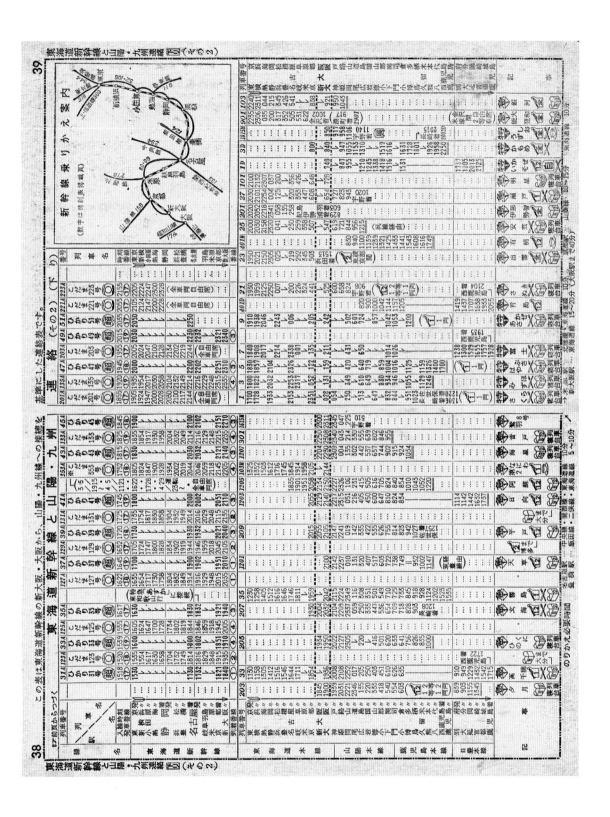

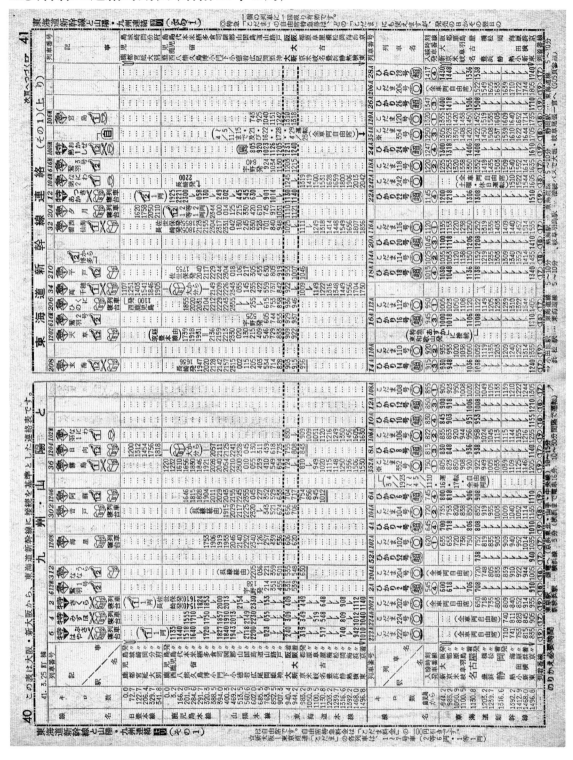

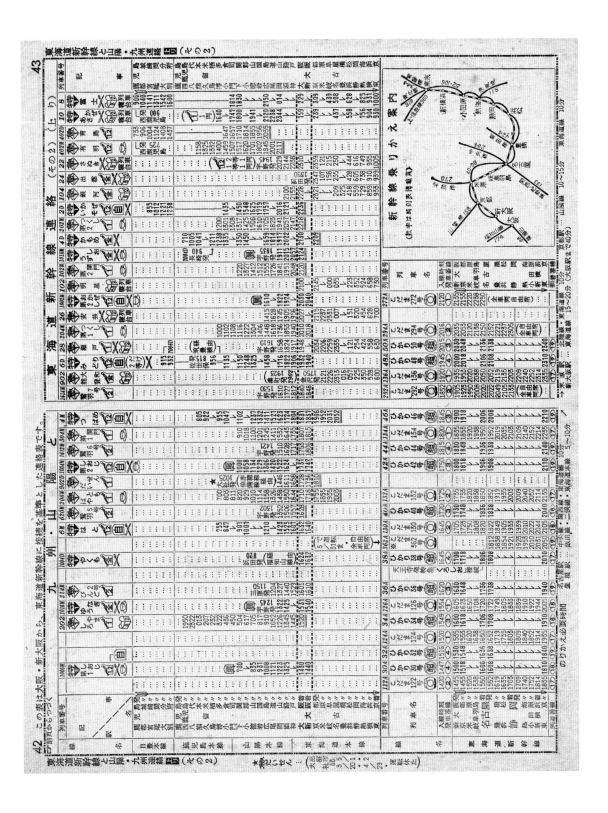

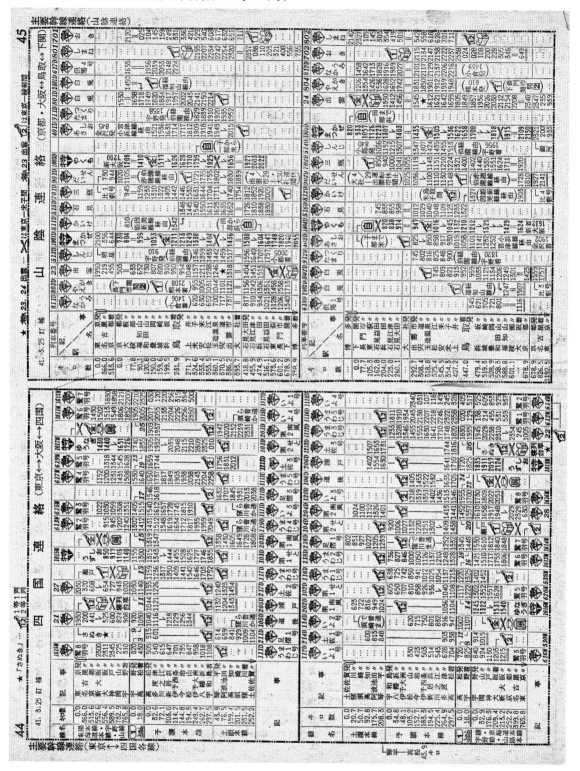

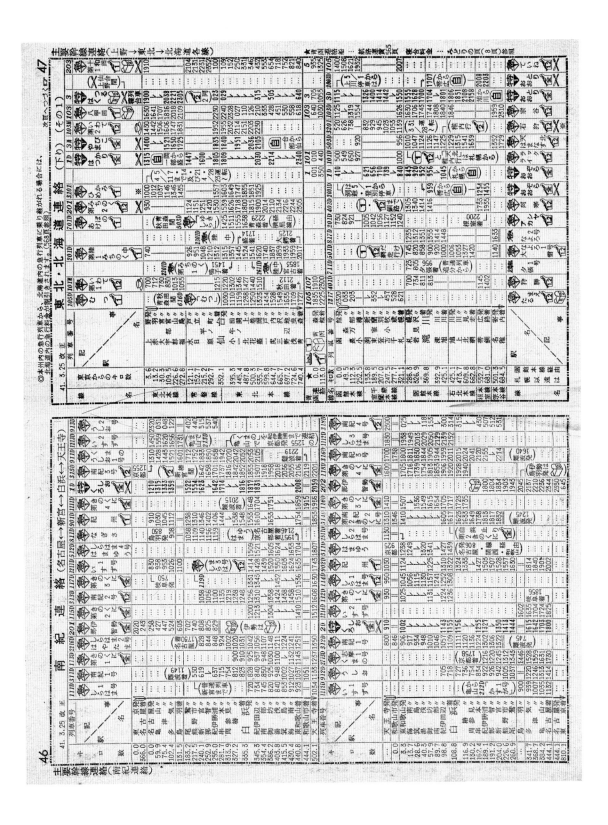

主要幹線の連絡時刻表（昭和41年3月）

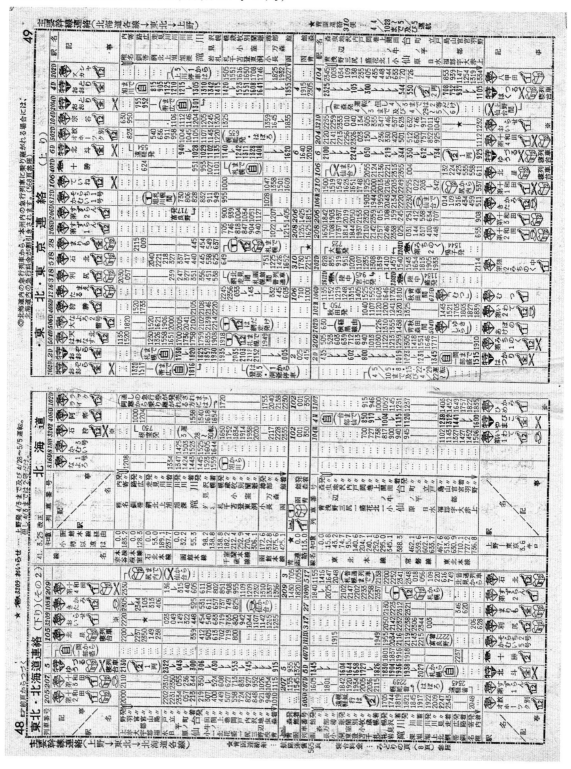

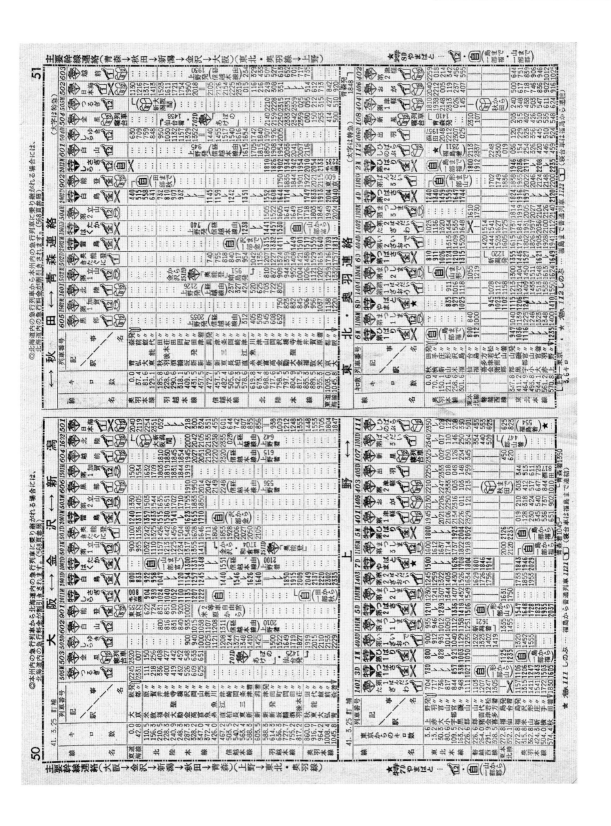

【コラム】著名人が描く客車急行
作家・佐藤優と急行「八甲田」

作家で元外交官である佐藤優(1960年1月生まれ)は大宮市(現・さいたま市北区)の公団住宅(団地)に住んでいた。母親が沖縄出身だったことから、小学6年だった1971(昭和46)年、一人で復帰前年の沖縄に行き親戚宅で1ヶ月間過ごしている。佐藤は県立浦和高校(埼玉)に合格し、中学校卒業から高校入学までの長い休みを利用し、北海道へ一人で旅行した。その旅行については佐藤の著書「先生と私」(2016、幻冬舎文庫)に収録されている。

1975(昭和50)年3月14日、中学校卒業式の夜、寝台電車特急「はくつる」で出発。北海道内では函館、札幌、塩狩、稚内とユースホステルを泊まり歩き、3月20日、稚内から旭川、富良野経由で帯広に雪のため3時間遅れて着いた。折からの雪と強風で列車は止まり、帯広のユースホステルで1週間過ごすことになったが、同宿の大学生から大学受験、大学生活や就職活動について様々な情報を手に入れた。当時の大学生は海外旅行にはほとんど無縁だったが、ユースホステルを利用した国内旅行は盛んで北海道旅行は人気だった。

3月28日、帯広から臨時「おおぞら」で札幌へ。急行「宗谷」に乗り継ぎ函館から19時50分発の青函連絡船に乗った。船内で集団就職の中学生の一団に会う。引率の教師に自分も中学3年生だと伝えると『君は恵まれている。中学の卒業旅行で北海道に来られるのだから(中略)北海道の生徒にはなかなかそこまでの余裕がない、この自然環境のなかでの生活は楽じゃない』との返答が返ってきた。

連絡船は25分遅れて0時05分に青森着。0時03分発の急行「八甲田」は接続を取って発車した。『八甲田にはこげ茶色の古い客車が連結されていた。ラッシュアワーの京浜東北線のような混み方だ。乗客の半分以上がカニ族なので、リュックサックで身動きが取れない。列車には何とか乗り込んだが、デッキからサロンに入ることができない』『車内は4人掛けのボックス席になっているが、席を譲りあって3人ずつ6人が掛けている。通路で

は大きなリュックサックにもたれかかって床に座り込んでいる人がほとんどだ(中略)リュックを床に置いてクッション代わりにして座った』当時、急行自由席に乗れる北海道ワイド周遊券で北海道へ行く若者にとって「八甲田」は人気列車だった。

「君を帯広のユースホステルで見かけた」という早稲田大学の学生と話をする。『3年くらい前まで激しい学園闘争が行われていた。その後、教授たちはやる気を失っている。多くの学生も過激な学生運動には関心を持たない(中略)社会人になったら自由がなくなる。今のうちに行きたいところを旅行して見たいものを見ておきたい』仙台で乗客の3分の1くらいが降りたが、そのほとんどがカニ族で、ようやく座席に座ることができた。黒磯で「釜めし」を食べ、列車は関東平野をひた走る。3月29日10時40分大宮着。佐藤はここで降りて東武バスで自宅へ。早大生は別れ際に『それじゃ頑張って、高校時代はあっという間に過ぎてしまうから悔いのないようにね』と言った。高校の入学式は1週間後の4月5日である。

(文中敬称略)(完)

夜更けの青森駅で発車を待つ特急ゆうづる7号(右)と急行八甲田(左)、時刻は23時50分を指しているが、23時35分発のゆうづるはまだ発車していない。遅れの青函連絡船からの乗り換え客を待っている。
◎東北本線　青森　1978(昭和53)年3月
撮影:山田 亮

第2章
全国各地を駆け抜けた
客車急行の記録

ED76牽引で早朝の北九州を走る上り急行「かいもん」、1978（昭和53）年３月から夜行「かいもん」は20系寝台車と12系座席車の併結になった。◎鹿児島本線　海老津〜遠賀川　1981（昭和56）年５月15日　撮影：荒川好夫（RGG）

01 東京〜九州方面

東京駅14番線で発車を待つ
EF58 23（浜松機関区）が牽引
する急行「雲仙・西海」。編成
の前半が佐世保行「西海」、後半
が長崎行「雲仙」。機関車次位
は回送のスハフ43。2等寝台
車の次に旧型食堂車（マシ29）
が連結されている。塗色は機関
車、客車ともチョコレート色だ
が1964（昭和39）年秋から急行
用客車の青色塗装への塗り替え
が始まった。
◎東海道本線　東京
1964（昭和39）年7月30日
撮影：荒川好夫（RGG）

EF61 17（宮原機関区）が牽引する急行「霧島」西鹿
児島行。EF61は貨物用EF60を旅客用にした機関車で
その勇壮なスタイルはファンに人気があった。
◎東海道本線　東京　1968（昭和43）年8月
撮影：山田 亮

廃止数日前の上り急行「桜島・高千穂」のナハフ10
46（鹿児島運転所）側面の東京行サボ（行先表示）。サボ
はサイドボードを略した鉄道用語。
◎東海道本線　大阪　1975（昭和50）年3月
撮影：山田 亮

お召予備機EF58 60（浜松機関区）が牽引する上り急行「霧島・高千穂」、1968（昭和43）年10月から東京〜九州直通急行は1往復になったが、多客期は「桜島」が運転された。◎東海道本線　保土ケ谷〜横浜　1970（昭和45）年1月　撮影：山田 亮

EF58 160（浜松機関区）が牽引する廃止の1ヶ月前の下り急行「桜島・高千穂」。グリーン車はオロ11ではなくスロ62になっている。客車もナハ10系とスハ43、オハ35系などとの混成になっている。
◎東海道本線　函南〜三島　1975（昭和50）年2月　撮影：山田 亮

EF58 4（浜松機関区）が牽引する廃止前年の下り急行「桜島・高千穂」。すでに食堂車はなくなり座席車だけの平凡な編成だが14両の長大編成である。グリーン車はオロ11だが、普通車は軽量客車ナハ10系に混じりスハ43系も連結されている。
◎東海道本線　東田子の浦～吉原　1974（昭和49）年10月　撮影：山田 亮

チョコレート色のEF58に牽引され静岡に到着する不定期急行「桜島」西鹿児島行。静岡駅は高架化される前の地上駅で反対側に111系の東京発豊橋行普通電車が待避している。◎東海道本線　静岡　1966（昭和41）年3月　撮影：矢崎康雄

朝の大阪を発車し、EF58 3（浜松機関区）に牽引され東京へ向かう上り急行「桜島・高千穂」。1970（昭和45）年10月から「霧島」はその名を寝台電車特急に取られ「桜島」と改称された。
◎東海道本線　茨木〜摂津富田　1973（昭和48）年12月　撮影：山田 亮

DF50が牽引する東京行の上り急行「高千穂」。大分以南はDF50が10系客車６両を牽引し、ローカル急行の風情であった。
◎日豊本線　日向沓掛〜田野　1969（昭和44）年３月　撮影：山田 亮

大草〜本川内間の松の頭峠をトンネルで抜け、長崎に向かって勾配を下るC57（戦後型）が牽引する下り急行「雲仙」。ナハフ11、1等車スロ54、2等寝台車ナハネ11、スハ43、スハフ42の5両編成。塗色はチョコレート色で1等は淡青色の帯が入っている。急行「雲仙」は東京から佐世保行「西海」と併結で肥前山口で分割され5両で長崎へ向かう。
◎長崎本線　長与〜道ノ尾　1961（昭和36）年11月　撮影：村樫四郎

C57 155（鳥栖機関区）が牽引する上り急行九州観光号（長崎15:35〜東京15:26）、2等寝台車ナハネフ11、オハネ17の6両編成で20系客車と同様の青色で車体下部に観光団体列車を表わす白線が入っている。修学旅行など団体輸送が主目的の寝台列車で余席は一般客に発売。門司ー東京間は大分発着編成と併結された。
◎長崎本線　東園信号場〜喜々津　1964（昭和39）年3月　撮影：村樫四郎

大村湾に沿った撮影名所を走るDD51が牽引する急行「雲仙」、1964（昭和39）年から鳥栖機関区にDD51が順次投入され特急、急行牽引のC60を置き換えた。◎長崎本線　喜々津〜東園信号場　1965（昭和40）年3月　撮影：牛島 完（RGG）

C60 104（鹿児島機関区）が牽引する不定期急行「桜島」、客車はスハフ42、スロ60、スロ51の順で後ろはスハ43系が続いている。「桜島」は「霧島」の補助列車で座席車だけの12両で後部3両は熊本で切り離し。「桜島」は不定期列車としては運転期間が長かったが、24時間以上走るにもかかわらず食堂車がなく、駅弁が命の綱だった。◎鹿児島本線　木葉〜田原坂　1964（昭和39）年5月　撮影：村樫四郎

昭和戦前期の2等寝台車マロネ37形は昼は窓を背にして座るツーリスト形で3軸ボギー台車が特徴。戦後は進駐軍専用車として接収され、1952（昭和27）年頃から返還後されマロネ29形になった。1960（昭和35）年に2等級制になってからは1等C寝台となり1964（昭和39）年頃まで運行。夏季輸送応援の駅職員の宿泊、休憩用に鎌倉駅に留置されていたマロネ29 127（品川客車区）。◎横須賀線　鎌倉　1967（昭和42）年8月　撮影：山田 亮

急行「霧島」に連結されていた食堂車オシ17形。24時間以上走る東京～九州間直通急行には食堂車が必須だった。
◎東海道本線　横浜　1968（昭和43）年8月　撮影：山田 亮

急行「霧島・高千穂」の1等車オロ11の車内。1968（昭和43）年10月「43-10」改正以降は「霧島・高千穂」の1等車（グリーン車）は自由席になったが、1970（昭和45）年10月から急行グリーン車の自由席はなくなりすべて指定席となった。（短距離列車を除く）◎1969（昭和44）年3月　撮影：山田 亮

C57牽引の上り急行「九州観光号」（長崎15:35-東京15:26）。観光団体列車で2等寝台車ナハネフ11、オハネ17の6両編成。団体列車だが余席は一般客に発売した。夏冬の多客期には座席車で「第2雲仙」として運転され門司～東京間では「第2高千穂」と併結した。◎長崎本線　長与～本川内　1963（昭和38）年11月　撮影：村樫四郎

02 関西〜九州方面

大村湾に沿って走るＣ60牽引、後補機Ｃ57の急行「玄海」。先頭のＣ60の次はマニ60、１等寝台車オロネ10、１等車スロ54（２両）、２等寝台車ナハネ11（２両）、食堂車マシ29、２等車５両の12両編成。波静かな湾に沿って蒸気列車が走る光景は一幅の絵を思わせる。記録と芸術が融合した見事な写真である。
◎長崎本線　長与〜道ノ尾　1961（昭和36）年11月　撮影：村樫四郎

大村湾を背にカーブした築堤を上り松の頭峠へ向かうＣ60牽引の下り急行「玄海」、機関車の後は荷物車マニ60、１等寝台オロネ10、１等車２両と続く。このあたりの山は「伊木力みかんの里」で冬には山肌がみかんで埋まる。みかんの里を過ぎ、サミットのトンネルを抜け長崎市内へ向かう。対岸は大村で今は海上に長崎空港がある。
◎長崎本線　大草〜本川内　1963（昭和38）年12月　撮影：村樫四郎

築堤上を登る戦後型C57のC57 195（早岐機関区）とC60が重連で牽引する上り急行「玄海」京都行。「玄海」は12両のため松の頭峠越え（本川内〜大草間）の勾配に備え長崎〜諫早間でC57が前補機に付いた。機関車の後ろにはチョコレート色のスハ43系が続く。秋の陽が客車の側面を後方から照らしている。
◎長崎本線　長与〜本川内　1963（昭和38）年11月　撮影：村樫四郎

白煙をだし、築堤の勾配を登る「門デフ」C57 9（鳥栖機関区）、C60重連の上り急行「玄海」客車は12両編成で後方に食堂車、2等寝台車、1等車、1等寝台車、荷物車が連結されたフルセット編成。ここは長崎の市街地で画面左側には山の中腹まで住宅がある。◎長崎本線　浦上〜道ノ尾　1963（昭和38）年12月　撮影：村樫四郎

列車のやや後方から撮影したC57（戦後型）とC60重連の上り急行「玄海」春の柔らかい光線が列車の側面を照らす。背後は春うららかな大村湾で対岸は喜々津の集落。後方の海は現在では半分ほど埋立られ、住宅地、運動場などになっている。
◎長崎本線　東園信号場〜喜々津　1964（昭和39）年3月　撮影：村樫四郎

C60 31（鳥栖機関区）が牽引する下り急行「玄海」。編成全体が入った写真で機関車に続きオロネ10、スロ54、スロ60、ナハネ11（2両）、食堂車マシ29、スハ43系5両で後補機はC57である。戦前形食堂車マシ29形（戦前はスシ37形）が貴重である。
◎長崎本線　長与〜道ノ尾　1963（昭和38）年12月　撮影：村樫四郎

田原坂信号場を通過するC59牽引の下り寝台急行「ひのくに」、編成中の戦前の3等寝台車（戦時中に座席車オハ34に改造）を寝台車とし復活したスハネ30が連結されている。田原坂は戦時中の1943（昭和18）年に信号場として開設され1965（昭和40）年10月から駅に昇格した。
◎鹿児島本線　田原坂信号場
1964（昭和39）年5月
撮影：村樫四郎

DD51 53（鳥栖機関区）が牽引して冷水峠を上る下り急行「天草」熊本行。関西〜九州間夜行急行のうち「天草」だけが筑豊本線を経由した。これは石炭産地で人口も多かった直方、飯塚への配慮である。
◎筑豊本線　筑前内野〜筑前山家
1969（昭和44）年3月　撮影：山田 亮

冷水峠を上る下り急行「天草」熊本行の後補機を務めるD60。
◎筑豊本線　筑前内野〜筑前山家　1969（昭和44）年3月　　撮影：山田 亮

DF50 560（大分運転所）が牽引する急行「日南3号」都城行。機関車の次は荷物車と2等車との合造車オハニ36形。当時、日豊本線南部はC55、C57を撮影するSLファンが多かったがDF50にカメラを向けるファンは少なかった。
◎日豊本線　日向沓掛〜田野　1969（昭和44）年3月　撮影：山田 亮

冷水峠で急行「天草」の後補機を務めるD60 27（直方機関区）。「天草」は原田通過のため補機は飯塚〜鳥栖間で連結された。
◎筑豊本線　筑前内野〜筑前山家　1970（昭和45）年3月　撮影：隅田 衷

EF61が牽引する下り急行「しろやま」、機関車の次位に検測車マヤ34を連結。EF61はその勇壮なスタイルでファンに人気があったが、1968（昭和43）年10月改正以降は荷物列車の牽引が中心になり急行牽引の機会は減った。
◎山陽本線　加古川　1971（昭和46）年8月　撮影：隅田 衷

EF61 14（広島機関区）が牽引する下り急行「しろやま」西鹿児島行。北九州、博多を深夜に通過し、山陽と南九州を直結した。
◎山陽本線　須磨～塩屋　1970（昭和45）年8月　撮影：山田 亮

EF58 158（浜松機関区）が牽引する上り急行「屋久島2号」（1972年3月までは「しろやま」）山陽本線西部、岩国から柳井にかけては海沿いで瀬戸内海の風光を楽しめる。◎山陽本線　神代～由宇　1975（昭和50）年3月　撮影：山田 亮

朝の山陽本線を上るEF58牽引
の急行「屋久島2号」。1963（昭
和38）年10月に登場した「しろ
やま」は大阪～広島間は昼行で
北九州、博多を深夜に通過した。
1972（昭和47）年3月から「し
ろやま」は下り「屋久島1号」
上り「屋久島2号」に改称された。
◎山陽本線　神代～由宇
1975（昭和50）年3月

EF58 20（広島機関区）牽引の
上り急行「天草」京都行。京阪
神間の方向別4線区間で長距離
列車と貨物列車は外側線を走行
した。
◎東海道本線　茨木～摂津富田
1973（昭和48）年12月
撮影：山田 亮

熊本から筑豊本線を経由した急
行「天草」の編成写真。最後部
から普通車指定席スハフ43、グ
リーン車スロ54、A寝台車オロ
ネ10、B寝台車スハネ16の順で
ある。
◎東海道本線　茨木～摂津富田
1973（昭和48）年12月
撮影：山田 亮

DF50 509（大分運転所）が牽引する下り急行「日南2号」宮崎行。機関車の次はオハネフ12、オロネ10（2両）、オロ11、オハネ12（2両）の順。寝台列車でA寝台オロネ10が1両増結され2両連結されている。当時、宮崎は新婚旅行のメッカで鉄道利用も多く、A寝台の需要が高かった。◎日豊本線　美々津〜東都農　1974（昭和49）年頃　撮影：荒川好夫（RGG）

C57 192（宮崎機関区）が牽引する下り急行「日南3号」都城行。1973（昭和48）年10月から翌74年4月までの半年間、下り
日南3号、上り日南1号が宮崎－都城間C57牽引となり、最後のSL急行としてSLファンの熱い視線を浴びた。
◎日豊本線　田野～門石信号場　1973（昭和48）年1月27日　撮影：荒川好夫（RGG）

錦江湾に沿い桜島を眺めながら走る
DF50牽引の日豊本線列車。客車は鹿
児島運転所配置でナハフ10などの軽量
客車も混じっている。鹿児島客貨車区
(鹿カコ)配置のブルー塗装の客車(ナハ
11、オハ35、オハ46など)は急行にも
使用され、「桜島・高千穂」に組み込ま
れ東京まで「遠征」することもあった。
◎日豊本線　重富〜竜ケ水
1978(昭和53)年頃
撮影:荒川好夫(RGG)

ED76 69が牽引する下り寝台急行
「つくし2号」、スハ44系座席指定
車を4両連結した。
◎鹿児島本線　博多
1974(昭和49)年8月
撮影:山田 亮

ED76 47（鹿児島機関区）が牽引する下り急行「阿蘇」、機関車の次は普通車指定席スハフ44。「阿蘇」は名古屋発着で中京地区と九州を結んだ。◎鹿児島本線　吉塚　1974（昭和49）年8月　撮影：山田 亮

EF58 44（宮原機関区）が牽引する上り急行「雲仙・西海」。画面上から山陽電鉄、山陽本線列車線、山陽本線電車線の順で「三段の輸送幹線」と呼ばれる。画面上の山陽電鉄滝の茶屋駅は明石海峡、明石海峡大橋と淡路島を一望にできる眺望の駅として有名。◎山陽本線　垂水〜塩屋　1978（昭和53）年4月22日　撮影：荒川好夫（RGG）

1975（昭和50）年３月の新幹線博多開業以降は山陽本線の昼行優等列車はなくなったが、夜行の特急、急行はかなり残った。
EF58が牽引する14系上り急行「雲仙・西海」。◎山陽本線　須磨　1977（昭和52）年９月　撮影：隅田 衷

EF58 93（宮原機関区）が牽引する上り急行「雲仙・西海」14系客車。新大阪行だが向日町運転所まで回送された。
◎東海道本線　高槻～山崎　1977（昭和52）年７月24日　撮影：太田正行

山崎のカーブを行くEF58 150（宮原機関区）が牽引する上り急行「阿蘇」。1975（昭和50）年3月改正時から関西〜九州間に14系客車の急行が3往復運転されたが、帰省シーズンなどを除くといつもすいていて空気輸送といわれた。
◎東海道本線　山崎　1976（昭和51）年6月20日　撮影：太田正行

ED76が牽引する14系急行「雲仙」、伝統の名列車「雲仙」もこの頃は14系座席車だけの平凡な編成で、空気輸送の日が多かった。この付近は有明海に沿っているが、カーブが多く湾をぐるっと半周するような線形もあり、スピードは遅い。
◎長崎本線　小長井
1976(昭和51)年7月30日
撮影：荒川好夫(RGG)

DD51に牽引される14系座席車の急行「雲仙」、1975(昭和50)年3月「50−3」改正以降も「雲仙」「西海」は14系客車で存続した。長崎本線、佐世保線の電化は当初は1975年3月の新幹線博多開業と同時の予定であったが、工事が遅れ翌1976年7月に完成し、電化後はED76が牽引した。
◎長崎本線　多良〜肥前大浦
1975(昭和50)年8月
撮影：山田 亮

ED76牽引の14系急行「阿蘇」熊本行。「50-3」改正で残った関西〜九州間夜行急行3往復は14系客車だったが座席車だけで帰省時期などを除くとすいていて空気輸送の感があった。
◎鹿児島本線　植木〜西里　1978（昭和53）年8月　撮影：山田 亮

八坂川鉄橋を渡るED76牽引、14系客車の下り急行「くにさき」大分行。12両編成は長すぎて供給過剰で1978（昭和53）年10月から熊本行「阿蘇」と山陽線内が併結になった。◎日豊本線　杵築〜大神　1978（昭和53）年8月　撮影：山田 亮

C59 164（糸崎機関区）が牽引する呉線経由の下り寝台急行「安芸」、編成の6両目に戦前形食堂車マシ38形が連結されている。食堂車の前に2等座席車スハ43が連結されているが寝台車が故障したのであろうか。「安芸」は広島の郷土列車として親しまれたが、新幹線開通後は新幹線と特急乗り継ぎの場合と時間的に大差がなく利用が減少し1970（昭和45）年10月改正で通称「下関あさかぜ」に格上げの形で廃止された。◎呉線　安登〜安芸川尻　1966（昭和41）年12月24日　撮影：荒川好夫（RGG）

「安芸」のヘッドマークを付けC62 41（糸崎機関区）牽引で呉線を走る寝台急行「安芸」。呉線経由で広島〜東京間を走る「郷土列車」だったが、1970（昭和45）年10月改正時に「下関あさかぜ」に格上げの形で廃止された。
◎呉線　仁方〜安芸幸崎　1969（昭和44）年8月　撮影：山田 亮

03 東京〜山陽・山陰方面

お召列車用機関車EF58 61の牽引で早朝の横浜に到着する上り急行「安芸」後方に東急東横線の乗り越し橋が見える。
◎東海道本線　横浜　1968（昭和43）年8月　撮影：山田 亮

EF58が牽引する上り寝台急行「瀬戸2号」、画面後方では湘南貨物駅を建設中である。この貨物駅は1985（昭和60）年に廃止されたが、この付近に「村岡新駅」の設置が発表されている。
◎東海道本線　藤沢〜大船　1970（昭和45）年2月　撮影：隅田 衷

岡山に到着した下り寝台急行
「瀬戸1号」、この列車は「さぬき」
として1964（昭和39）年10月
に寝台列車として登場し、1968
（昭和43）年10月改正で下り瀬
戸1号、上り瀬戸2号となった。
ビュフェ形式の食堂車オシ16形
を連結した。
◎山陽本線　岡山
1969（昭和44）年3月
撮影：隅田　衷

急行「安芸」に連結されていた
戦前形食堂車マシ38形。1936
（昭和11）年に製造された国鉄
（当時は鉄道省）初の冷房車で特
急「つばめ」に使用された。戦
後、進駐軍専用車として接収さ
れ、返還後は特急、急行に使用。
1968（昭和43）年10月改正で
「安芸」の食堂車はオシ17形と
なった。3軸ボギー台車が特徴。
◎東海道本線　横浜　1968（昭
和43）年8月　撮影：山田　亮

急行「出雲」に連結され「上京」
したオロハネ10。当時、オロハ
ネ10は米子に配置され米子〜博
多間の「さんべ3号」に連結さ
れていた。
◎東海道本線　東京
1972（昭和47）年2月
撮影：隅田　衷

EF58牽引で東京に近づく上り「出雲」、3両目に食堂車オシ17が入っている。
◎東海道本線　有楽町　1972（昭和47）年2月　撮影：隅田 衷

急行「出雲」浜田行の行先札サボ。◎東海道本線　東京　1972（昭和47）年2月　撮影：隅田 衷

19:30発、急行「出雲」の東京駅発車風景。◎東海道本線　東京　1972（昭和47）年3月　撮影：隅田 衷

20:05、14番線に停車中の「瀬戸1号」後方にオシ16が見える。◎東海道本線　東京　1972（昭和47）年3月　撮影：隅田 衷

20:05発「瀬戸1号」と20:45発「瀬戸2号」が並ぶ、夜の東京駅。
◎東海道本線　東京　1972(昭和47)年3月　撮影：隅田 衷

20:30発急行「紀伊」の発車表示器に「王寺・鳥羽・紀伊勝浦」と入っている。「紀伊」は1972(昭和47)年3月改正以降は
紀伊勝浦行だけになり、名古屋まで「銀河1号」と併結した。◎東海道本線　東京　1972(昭和47)年3月　撮影：隅田 衷

東京駅14、15番線。20:30発「紀伊」（王寺、鳥羽、紀伊勝浦行）と20:45発「瀬戸2号」が並ぶ。
◎東海道本線　東京　1972（昭和47）年3月　撮影：隅田 衷

東京駅12、13番線。1972（昭和47）年3月改正後は「銀河1号」と「紀伊」（紀伊勝浦行）が併結になった。
◎東海道本線　東京　1972（昭和47）年3月　撮影：隅田 衷

04 東京〜関西方面

EF58 112（米原機関区）牽引の寝台急行「明星」、反対側8番線には横須賀線113系が停車中。当時、東京〜大船間は東海道線と横須賀線の電車が共用していた。
◎東海道本線　横浜
1968（昭和43）年8月
撮影：山田 亮

寝台急行明星に連結されていた戦前製造の旧3等寝台車スハネ30形。1931（昭和6）年からスハネ30、スハネ31形として製造されたが戦時体制下の1941（昭和16）年7月に廃止され、戦時中に座席車オハ34に改造。戦後、1959〜62年に3等（後の2等）寝台車に再改造されスハネ30形として復活したが、冷房取付けが困難で1970（昭和45）年頃までに廃車された。
◎東海道本線　横浜
1968（昭和43）年8月
撮影：山田 亮

急行明星に連結されていた1等寝台車マロネ40形。冷房付きで1等A寝台（二人用個室）と1等B寝台（開放型2段寝台）の合造。占領下の1948（昭和23）年に1等寝台車として登場し、登場時は寝台券が外国人に優先発売された。当時の物価水準に比べ著しく高く「走るインフレ」と皮肉られていた。
◎東海道本線　横浜
1968（昭和43）年8月
撮影：山田 亮

EF58牽引で朝の湘南を湘南電車と平行ダイヤで東京へ向かう上り急行「銀河2号」。1968（昭和43）年10月改正以降は「銀河1号」の座席車はスハ44系で指定席だったが、「銀河2号」の座席車はスハ43系で自由席だった。
◎東海道本線　藤沢〜大船　1970（昭和45）年2月　撮影：隅田 衷

「富士山バック」の撮影名所を行くEF58 93（宮原機関区）牽引の20系の上り急行「銀河」、機関車の次は貫通型ナハネフ23が連結。◎東海道本線　三島〜函南　1978（昭和53）年3月26日　撮影：河野 豊（RGG）

EF58 41（宮原機関区）が牽引する10系客車時代の急行「銀河」、機関車の次はスハフ43とスハ44、その後に10系寝台車が続く。◎東海道本線　湯河原〜真鶴　1974（昭和49）年9月11日　撮影：荒川好夫（RGG）

朝の藤沢を通過する上り急行「銀河」客車は20系。背後の鉄橋は小田急江ノ島線の乗り越し橋。右側に神奈川中央交通バスが見える。
◎東海道本線　藤沢
1977（昭和52）年3月
撮影：隅田　衷

朝の光線を浴びて根府川鉄橋を渡るEF58 55（宮原機関区）が牽引する20系客車の上り急行「銀河」。上り「銀河」の沼津～東京間は湘南電車との平行ダイヤでノロノロ運転だったが、1984年2月改正で時刻が繰り上がりノロノロ運転が解消された。
◎東海道本線　根府川
1977（昭和52）年2月17日
撮影：太田正行

小田原に停車中のEF58 55（宮原機関区）牽引の20系上り「銀河」、編成全体に朝の光線が順光で当たっている。
◎東海道本線　小田原
1976（昭和51）年5月20日
撮影：太田正行

ロイヤルエンジン（お召列車牽引機）
EF58 61（東京機関区）が牽引する14系
客車の上り急行「銀河52号」（大阪23:20
〜品川9:34）多客期に定期「銀河」の約
10分後を走ったセクショントレイン。
◎東海道本線　蒲田
1978（昭和53）年11月9日
撮影：太田正行

EF58 100（宮原機関区）が牽引す
る上り急行「銀河」。1976（昭和
51）年2月から東海道夜行急行の
「名門」銀河は20系寝台車になり
座席車（普通車指定席、スハ44、ス
ハフ43）がなくなった。
◎東海道本線　蒲田
1978（昭和53）年11月5日
撮影：太田正行

EF58 142（浜松機関区）が牽引する14系客車の上り急行「銀河52号」、画面右は横浜市民に親しまれた反町公園とアイススケート場。◎東海道本線　東神奈川　1978（昭和53）年　撮影：太田正行

EF58 94（宮原機関区）が牽引する20系寝台車化された上り急行「銀河」。
◎東海道本線　山崎
1976（昭和51）年6月20日
撮影：太田正行

朝の光線を浴びて根府川鉄橋を渡るEF58 143（宮原機関区）が牽引する14系客車の上り急行「銀河51号」（大阪23:20〜品川9:34）多客期に定期「銀河」の約10分後を走ったセクショントレイン。
◎東海道本線　根府川
1976（昭和51）年2月25日
撮影：太田正行

大阪駅3番線到着の20系「銀河」。バックサインは絵入りとなっている。左側2番線には82系ディーゼル特急「まつかぜ1号」博多行が「銀河」到着と同時に発車。
◎東海道本線　大阪
1985（昭和60）年
撮影：隅田衷

EF58 44（宮原機関区）が牽引する10系寝台車時代の急行「銀河」、機関車次位に座席車が連結されているが、1両目は通常はスハフ43（回転クロスシート）だがこの日はスハフ42（固定クロスシート）が連結されている。2両目はスハ44（回転クロスシート）である。その次に10系寝台車が続いている。
◎東海道本線　根府川
1975（昭和50）年12月28日
撮影：太田正行

上り急行銀河1号に連結された座席車スハ44の車内。前向きの回転式クロスシートで座席指定だった。スハ44、スハフ43は1951年に特急用「特別3等車」として登場し「つばめ」「はと」に使用された。
◎1970（昭和45）年8月
撮影：山田 亮

EF65 1112（田端運転所）が牽引する上り寝台急行「銀河」。東海道夜行急行の名門といわれる「銀河」はJR発足後も長らく運転されたが2008（平成20）年3月に廃止された。1両だけ連結された開放型A寝台車オロネ24は人気があり常に満席であった。
◎東海道本線　新子安〜鶴見
2007（平成19）年5月
撮影：山田 亮

05 関西～山陽・山陰方面

大社線を行くDD51779（米子機関区）が牽引する下り急行「だいせん5号」、機関車次位から順にマニ50（2両）、スユニ50、20系客車が続く。大社線内は普通列車のため「だいせん崩れ」ともいわれた。大社線は1990（平成2）年3月末限りで廃止され、「だいせん」は大阪〜出雲市間となった。◎大社線　出雲高松〜荒茅　1984（昭和59）年8月16日　撮影：高木英二（RGG）

C62 16（糸崎機関区）が牽引する12系客車の臨時急行「音戸51号」（大阪23:20～広島6:39、呉線経由）、12系客車は1969（昭和44）年に登場した冷房車で臨時急行や団体列車に使用された。牽引機C62 16は翌年北海道小樽築港機関区に転属しC62重連急行「ニセコ」を牽引した。◎山陽本線　海田市～向洋　1969（昭和44）年8月　撮影：山田 亮

1970（昭和45）年の大阪万博輸送のために1969（昭和44）年に登場した12系客車は固定クロスシートだが冷房付き、自動ドアで1969年夏には夜行「音戸51号」と昼行の「宮島51号」に使用され全車指定席だった。
◎山陽本線　海田市～向洋
1969（昭和44）年8月
撮影：山田 亮

D51 489（糸崎機関区）が牽引する急行「音戸2号」。この列車は1968（昭和43）年10月改正以前は「ななうら」と称し1966（昭和41）年3月までは準急だった。◎山陽本線　海田市～向洋　1969（昭和44）年8月　撮影：山田 亮

20系客車となった急行「だいせん5号」を牽引するDD51 1105（米子機関区）。機関車の次にスユニ50とマ
ニ50を連結。その後に20系客車が続く。出雲市の手前で一畑電鉄線としばらく平行する。
◎山陰本線　直江〜出雲市　1980（昭和55）年7月　撮影：山田 亮

1978（昭和53）年10月から20系寝台車となった夜行急行「だいせん5号」下り方に座席車ナハ21を連結。最後部はナハネフ
22形でバックサインは「急行」となっている。画面右は一畑電鉄の線路。
◎山陰本線　直江〜出雲市　1980（昭和55）年7月　撮影：山田 亮

DD51 628（米子機関区）が牽引
する上り急行「さんべ3号」機
関車の次は20系寝台車が連結。
地上駅時代の出雲市駅で画面右
は一畑百貨店。
◎山陰本線　出雲市
1980（昭和55）年7月
撮影：山田 亮

DD51 623（鳥栖機関区）が牽引
する急行「さんべ3号」米子行。
九州内も関門トンネル区間を除
いてDD51が牽引した。「さんべ
3号」は1978（昭和53）年10月
から20系寝台車と12系座席車
になった。
◎鹿児島本線　博多
1979（昭和54）年5月2日
撮影：荒川好夫（RGG）

出雲市〜西出雲（旧・知井宮）間
の神戸（かんど）川鉄橋を渡る
DD51に牽引される夜行急行「だ
いせん」。14系15形寝台車と12
系座席車の併結で出雲市から出
雲運転区（現・後藤総合車両所
出雲支所）へ回送される。関西
〜山陰間は高速道路の整備でク
ルマ、高速バスでの移動が中心
になり夜行需要は激減した。
◎山陰本線　出雲市〜西出雲
1996（平成8）年7月
撮影：山田 亮

12系と20系寝台車の併結に
なった上り急行「さんべ6号」
の12系客車。
◎山陰本線　出雲市
1980（昭和55）年7月
撮影：山田 亮

福間を通過するDD51 623（鳥
栖機関区）牽引の下り急行「さ
んべ3号」荷物車、10系B寝台
車3両、旧型客車の編成。1978
（昭和53）年10月から20系寝台
車（1000番代）と12系座席車の
併結になった。
◎鹿児島本線　福間
1978（昭和53）年8月
撮影：山田 亮

米子発博多行の山陰本線西部
を走る夜行急行「さんべ3号」。
10系B寝台と旧形客車の編成で
最後部はスハフ42を軽量化し
たオハフ45 2001（米子客貨車
区）。ここ福間で421系の久留
米行普通電車を追抜く。
◎鹿児島本線　福間
1978（昭和53）年8月
撮影：山田 亮

06 九州内

ED76 58（鹿児島機関区）牽引で早朝の博多駅に到着した上り急行「かいもん4号」、1978（昭和53）年3月から20系寝台車（1000番代）と12系座席車の併結になった。画面右に1963（昭和38）年開業の博多ステーションビル（井筒屋百貨店が入っていた）が見える。◎鹿児島本線　博多　1978（昭和53）年8月　撮影：山田 亮

DF50牽引の急行「みやざき」くずれの普通列車。1972（昭和47）年3月で日豊本線夜行普通列車（宮崎夜行）が急行「みやざき」になったが編成は変わらず、実質的値上げと言われた。宮崎以南は普通列車。
◎日豊本線　楠ヶ丘信号場〜山之口
1972（昭和47）年5月　撮影：隅田 衷

夜行「かいもん」「日南」に連結の20系寝台車1000番台は12系座席車と併結され、12系スハフ12から電源を供給された。
◎鹿児島本線 博多 1978（昭和53）年8月 撮影：山田 亮

07 紀勢本線

EF58 99（竜華機関区）が牽引する12系客車の臨時急行「きのくに51号」（新宮10:23 〜天王寺16:15）、1978（昭和53）年10月の紀勢本線和歌山〜新宮間電化で特急に381系電車が投入されたが、普通客車列車および臨時列車用にEF58が投入された。カーブが多く高速性能は発揮できなかったが、風光明媚な紀州路を走るEF58は多くのファンを魅了した。
◎紀勢本線　紀伊田原〜古座　1985（昭和60）年8月　撮影：山田 亮

EF70が牽引する上り臨時急行「加賀」。1975（昭和50）年3月改正以降、関西〜北陸間特急、急行列車は急行の一部を除き湖西線経由となり特急街道となった。「加賀」は14系客車で週末、連休時に運転される「温泉急行」で全車指定席だった。
◎北陸本線　鯖江〜武生　1976（昭和51）年5月　撮影：山田 亮

EF70牽引の臨時急行列車。週末運転の
「加賀」と思われる。
◎北陸本線　牛ノ谷～大聖寺
1978（昭和53）年頃
撮影：小野純一（RGG）

EF81が牽引する14系客車の臨時
急行「加賀」。温泉客を対象にした
週末および多客期運転の列車で特
急街道の北陸本線で異彩を放った。
湖西線経由である。
◎北陸本線　敦賀～新疋田
1976（昭和51）年5月
撮影：山田 亮

EF81 13（富山第二機関区）が牽引する
下り急行「きたぐに」。「きたぐに」は
1982（昭和57）年11月改正時から大阪
〜新潟間に短縮され14系座席車と寝台
車の編成になった。1985（昭和60）年
3月改正から583系電車になり、サハネ
581改造の「珍車」A寝台サロネ581
形が連結された。
◎信越本線　青海川〜鯨波
1983（昭和58）年5月24日
撮影：高木英二（RGG）

EF81 32（富山第二機関区）牽引の下り
急行「きたぐに」、大阪〜新潟間には寝
台車が増結され、座席車は12系客車で
ある。
◎信越本線　保内
1976（昭和51）年7月26日
撮影：太田正行

大阪に向かって力走するEF58 151（宮原）が牽引する上り急行「きたぐに」。
◎東海道本線　山崎　1976（昭和51）年6月20日　撮影：太田正行

DD51 679（秋田機関区）が牽引
し矢立峠の旧線を越える上り急行
「きたぐに」大阪行。客車は軽量
客車ナハ10系が主体で食堂車もあ
り急行らしい編成だった。牽引機
DD51 679は1969（昭和44）年11
月に三菱重工で新製され秋田機関
区に配属されたばかりである。
◎奥羽本線　陣馬～津軽湯の沢
1969（昭和44）年12月
撮影：山田 亮

羽越本線北部のランドマークである鳥海
山をバックに走るDD51牽引の上り急行
「きたぐに」。旧型客車の時代で食堂車オ
シ17形を後ろから4両目に連結し、最後
部は郵便車。1972（昭和47）年秋の電化
を控え、電化ポールが建っている。
◎羽越本線　南鳥海～本楯
1972（昭和47）年7月13日
撮影：荒川好夫（RGG）

急行「きたぐに」に連結されていたグリーン車スロ54 2037（宮原客車区）、この日はスロ62が増結されている。「きたぐに」
のグリーン車は利用率が高く増結される日もあった。◎奥羽本線　秋田　1976（昭和51）年8月　撮影：山田 亮

ED75 700番台が牽引する下り急行「き
たぐに」客車はオユ10、スロ54、12系
座席車の順で、寝台車は新潟で切り離
され新潟〜青森間は座席車と郵便車だ
けだった。郵便車オユ10 2500番台は
青函連絡船夜行便で航送され大阪〜旭
川間の運用で函館―旭川間は普通121、
122列車に連結された。
◎奥羽本線　白沢〜陣馬
1976（昭和51）年5月4日
撮影：太田正行

夜の新潟駅で発車を待つEF81 20
（富山第二機関区）牽引の上り急行
「きたぐに」。機関車次位の郵便車オ
ユ10 2500番台は青函連絡船夜行
便で航送され大阪〜旭川間の運用で
函館〜旭川間は普通121、122列車
に連結された。グリーン車は通常は
スロ54が1両だが、多客期にはスロ
62が増結され2両となった。
◎信越本線　新潟
1976（昭和51）年7月26日
撮影：太田正行

09 中央本線

深夜の中津川停車中の上り急行「ちくま4号」大阪行。EF64 30（稲沢第二機関区）牽引で20系寝台車と12系座席車の混結。名古屋は運転停車で客扱いなし。◎中央本線　中津川　1981（昭和56）年4月　撮影：寺澤秀樹

D51重連に牽引された上り準急「きそ1号」。当時、名古屋〜長野間の準急は客車列車で「きそ」と名付けられ、昼行夜行あわせて2往復あった。篠ノ井線内ではDF50形ディーゼル機関車が牽引することもあった。◎篠ノ井線　冠着〜麻績（現・聖高原）　1962（昭和37）年11月　撮影：林 嶢

EF64 39（甲府機関区）が牽引する中央本線上り臨時急行「たてしな51号」（岡谷13:05〜新宿17:22）。1975（昭和50）年3月「50−3」改正で中央東線から定期客車列車が姿を消したが臨時列車として運転された。「たてしな51号」は下り臨時急行「アルプス54号」（新宿0:30〜松本6:05）の折返し。◎中央本線　猿橋〜鳥沢　1975（昭和50）年10月　撮影：山田 亮

鳥沢鉄橋を渡る臨時急行「たてしな51号」の客車。最後部は品川客車区（南シナ）のスハフ42。
◎中央本線　猿橋〜鳥沢　1975（昭和50）年10月　撮影：山田 亮

⑩ 上野～高崎・上越・信越・羽越方面

EF16 30（水上機関区）とEF58が重連で牽引する12系客車の上り臨時急行。
◎上越線　岩原スキー場前～越後中里
1980（昭和55）年2月11日
撮影：森嶋孝司（RGG）

20‰勾配をゆっくりと登りり越後中里構内へさしかかるEF58 120（高崎第二機関区）が牽引する上り臨時急行「信濃川51号」（長岡11:45～上野16:40）この列車は旧型客車で2両目はスロ62である。
◎上越線　越後湯沢－越後中里
1973（昭和48）年7月
撮影：山田 亮

越後中里へ向かうEF58牽引の臨時急行「信濃川51号」機関車の次にスハフ42、スロ62と続く。画面左側の山は冬はスキー場になる。画面右側奥に越後中里駅が見える。
◎上越線　越後湯沢－越後中里
1973（昭和48）年7月
撮影：山田 亮

上越国境の20‰勾配を登る
EF58 105(長岡運転所)が
牽引する12系客車の上り臨
時急行「佐渡52号」(新潟
10:00～上野15:46)背後の
山は冬はスキー場になる。
◎上越線
越後湯沢－越後中里
1973(昭和48)年7月
撮影：山田 亮

EF16 21(水上機関区)とEF58
が重連で上越国境の20‰勾配
を登る12系客車の臨時急行「石
打スキー2号」(石打13:00～上
野17:11)。冬のスキーシーズン
にはスキー臨時列車が多数運転
された。
◎上越線 越後中里～土樽
1977(昭和52)年3月6日
撮影：太田正行

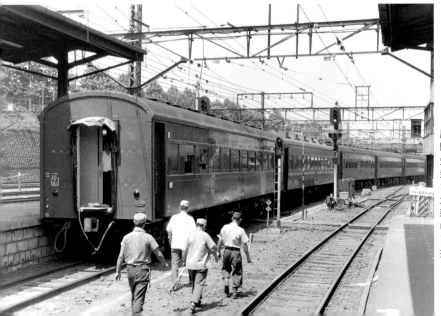

尾久客車区から推進運転で上野
駅高架6番線に到着する列車。
先頭スハフ42に推進運転士が
乗務している。2両目は冷房化
されたスロ62。この列車は臨時
急行「弥彦3号」(上野13:06～
新潟20:18)である。
◎東北本線 上野
1968(昭和43)年7月
撮影：山田 亮

EF81牽引で羽越本線を走る寝台急行「天の川」、編成の半分を新潟で切り落とし、羽越線内は10系寝台車6両だった。
◎羽越本線　上浜〜象潟　1973（昭和48）年8月　撮影：山田 亮

上越線臨時急行に連結されたリクライニングシートの「特ロ」スロ51の車内。車内は近代化改造され化粧板が張られ蛍光灯2列で明るい。荷物棚の下には読書灯がある。1967（昭和42）年時点では1等車だが1969（昭和44）年5月からグリーン車となった。◎1967（昭和42）年8月　撮影：山田 亮

DD51が牽引する下り急行「きたぐに」。グリーン車はスロ62で、5両目に食堂車オシ17が連結された。当時、関西からワイド周遊券で北海道を目指す若者はこの「きたぐに」に一昼夜乗り続け青森へ向かった。
◎奥羽本線　八郎潟〜鯉川　1971（昭和46）年8月　撮影：林 嶢

EF81 70（酒田機関区）が牽引する下り急行「鳥海」、客車はスハ43系。羽越本線は前年1972（昭和47）年に電化したばかりで架線柱などは新しい。◎羽越本線　上浜〜象潟　1973（昭和48）年8月　撮影：山田 亮

EF62に牽引される信越本線夜行急行「妙高9号」。夜行の「妙高」は2往復で、電車・客車1往復ずつだった。客車の「妙高」
（下り9号、上り10号）は長野〜直江津間が普通列車だった。◎信越本線　関山　1981（昭和56）年8月　撮影：隅田 衷

親不知の絶壁に沿って走るDF50 513（富山機関区）牽引の上り急行「白山」。1963（昭和38）年時点では北陸線電化は金沢ま
でで、金沢〜直江津間はDF50が牽引した。「白山」は上野〜北陸間の唯一の昼行急行で人気列車であり、信越線内の乗車率は
年間を通じ100％を超えていた。◎北陸本線　風波信号場〜親不知　1963（昭和38）年7月21日　撮影：荒川好夫（RGG）

DF50に牽引され日本海沿いの旧線を走る上り急行「白山」、ここは1969（昭和44）年10月の電化時に新線となりトンネルで抜けている。「白山」は碓氷峠での編成両数を増やすため軽量客車中心の編成だった。
◎北陸本線　名立〜有間川　1968（昭和43）年3月　撮影：隅田 衷

C57 46（金沢機関区）牽引の上り「白山」、ここで向きが変わりD51またはD50の重連で信越本線内を走った。貨物用機関車の急行牽引は当時でも珍しくダイヤ上の最高速度は65km／hの鈍足急行だったが利用率は高く年間を通じ100％を超えた。碓氷峠での牽引定数制限のため軽量客車ナハ10を使い編成両数を最大限に増やしている。◎信越本線　直江津　1960（昭和35）年6月6日　撮影：伊藤威信（RGG）

EF58 106（高崎第二機関区）が牽引する上り急行「鳥海」、荷物車を3両（スニ41、スニ40、マニ36）連結しているが、これは下り「鳥海」での新聞輸送のため。先頭のEF58 106は前面窓にツララ切りのひさしがある上越スタイル。
◎東北本線　川口〜赤羽　1982（昭和57）年7月4日　撮影：森嶋孝司（RGG）

上野へ近づくEF62 18（高崎第二機関区）が牽引する上り急行「越前」、機関車の次にマニ37、オロネ10、スハネ16（2両）、スロ62と続く。◎東北本線　日暮里〜鶯谷　1981（昭和56）年7月10日　撮影：森嶋孝司（RGG）

EF62重連が牽引する下り急行「白山」金沢行。廃止数日前に撮影。「白山」は「今後は急行を減らし、特急中心にする」との方針のもと、1972年3月「47－3」改正から489系の電車特急に格上げされた。
◎東北本線　川口　1972（昭和47）年３月　撮影：山田 亮

雪まみれのEF58 130（高崎第二機関区）に推進されて上野から尾久客車区へ向かう上り急行「天の川」の回送列車。客車は20系で郵便車が連結。「天の川」は定刻なら上野着5:55だが、この日は雪のため大幅遅れだった。
◎東北本線　鶯谷　1977（昭和52）年１月７日　撮影：太田正行

妙高9号に連結されているA寝台車、B寝台車と郵便車。◎信越本線　関山　1981（昭和56）年8月　撮影：隅田 衷

早朝の金沢へ到着するEF70牽引の急行「越前」福井行。金沢駅は高架化前の地平駅である。
◎北陸本線　金沢　1980（昭和55）年8月　撮影：山田 亮

急行「越前」に連結されたグリーン車スロ62 2060（福井客貨車区）、「越前」は福井区（金フイ）の担当。スロ62は1959〜62年に鋼体化客車オハ61を改造したリクライニングシートの1等車で当初はオロ61と称した。台車は取替えられたが窓割はオハ61時代のまま。後に冷房化されスロ62となり、1982年まで運行された。
◎北陸本線　金沢
1980（昭和55）年8月
撮影：山田 亮

EF62 25（高崎第二機関区）が牽引する上り急行「越前」、客車はマニ36、オロネ10、スハネ16の順である。「越前」は1982年11月改正時まで10系寝台車と旧型客車の編成だった。
◎東北本線　川口
1982（昭和57）年9月1日
撮影：太田正行

七尾線との分岐駅津幡に到着するEF81 39（富山第二機関区）牽引の急行「能登」、機関車の次にパレット輸送荷物車スニ41を連結。
◎北陸本線　津幡
1980（昭和55）年8月
撮影：山田 亮

⑪ 上野～東北・常磐・奥羽方面

EF64 1014（長岡運転所）が牽引する上り急行「鳥海」、客車はスニ41、スニ40、マニ50の順で36、オロネ10、スハネ16の順である。「鳥海」は1982年11月改正時まで10系寝台車と旧型客車の編成だったが、改正後は寝台特急「出羽」に格上げされ、東京と山形県庄内地方を結ぶ自由席のある急行がなくなり、地元から不満の声があがった。
◎東北本線　川口
1982（昭和57）年9月1日
撮影：太田正行

上り急行「八甲田」の車内。福島付近で夜が明け、関東平野を疾走する。
◎1969（昭和44）年12月
撮影：山田 亮

青函連絡船夜行便に接続し青森を早朝に発車する上り急行「第1みちのく」、東北本線盛岡以北の電化直前でDD51が重連で牽引した。1968（昭和43）年10月「43-10」改正後は「十和田1号」となった。
◎東北本線　奥中山～御堂
1968（昭和43）年7月
撮影：山田 亮

電化を控え架線の張られた奥中山の峠を上る下り急行「第４十和田」。D51とC61の重連で、盛岡〜青森間では急行列車は前に補機を連結した。当時、上野〜青森間の急行十和田は４本あり、この列車以外はＤＤ51が重連で牽引した。
◎東北本線　御堂〜奥中山　1968（昭和43）年10月　撮影：山田 亮

D51三重連で知られた奥中山の下り勾配を盛岡へ向かって下ってゆく上り急行「みちのく」上野行。DD51の量産形第一陣であるDD51 ２（盛岡機関区）が牽引。DD51は1964年から東北本線北部にも投入されたが、性能が安定せず蒸気機関車（C60、C61）と共通運用された。背後の山は西岳。◎東北本線　奥中山〜御堂　1964（昭和39）年３月30日　撮影：荒川好夫（RGG）

奥中山を過ぎ十三本木峠への23.8‰勾配を登るED75牽引の下り急行「十和田2号」、ここは電化前は補機を付けた蒸気列車が
ひんぱんに行き交い、D51三重連の貨物列車も見られた。
◎東北本線　奥中山〜小繋　1974（昭和49）年7月　撮影：山田 亮

急行「十和田2号」の編成。後ろからスハフ42、スロ62、オロネ10、スハネ16の順である。この勾配を登った先にサミットの
十三本木峠のトンネルがある。◎東北本線　奥中山〜小繋　1974（昭和49）年7月　撮影：山田 亮

ED75牽引の12系臨時急行「八甲田52号」（青森7:25－上野20:06）。背後は青森湾で、この付近からは海上を航行する青函連絡船を望むことができた。◎東北本線　浅虫〜野内　1976（昭和51）年5月3日　撮影：太田正行

ED75が牽引する14系客車の臨時急行。「八甲田54号」（上野21:08 〜青森8:37）と思われる。画面左側が青森湾。
◎東北本線　浅虫〜野内　1976（昭和51）年5月3日　撮影：太田正行

ED75が牽引する12系客車の季節
急行「十和田1号」。1975（昭和
50）年3月改正時には季節急行の
下り十和田1号、上り十和田3号
が12系客車となり、さらに1976年
10月から14系客車化されたが定期
「十和田」は旧型客車のままで格差
は歴然だった。
◎東北本線　浅虫〜野内
1976（昭和51）年5月3日
撮影：太田正行

東北から関東への架け橋といわれる白
坂〜豊原間の黒川鉄橋を渡るED75牽
引の上り急行「八甲田」。「八甲田」は
1979（昭和54）年4月から12系客車化
され、1985年3月から14系客車となっ
た。この鉄橋の下には「ここから東北」
という河北新報（宮城県の地方新聞）の
立て看板があった。
◎東北本線　白坂〜豊原
1982（昭和57）年10月2日
撮影：太田正行

EF58が牽引して冬の関東平野を上野へ向かう上り急行「津軽2号」。機関車の次はマニ36、スロ62、オロネ10、スハネ16の順である。
◎東北本線　栗橋〜久喜
1977（昭和52）年1月4日
撮影：太田正行

夜の上野駅。地平13番線での急行「北星」荷物車への新聞積込み風景。
◎東北本線　上野　1972（昭和47）年3月　撮影：隅田 衷

EF58が牽引して冬の関東平野を上野へ向かう上り急行「八甲田」。機関車の次はオユ10、スニ41、スハフ42、スロ62、ナハ10の順である。
◎東北本線　栗橋〜久喜
1977（昭和52）年1月4日
撮影：太田正行

白石川沿いの桜の名所「船岡桜」を行くEF75牽引の上り急行「八甲田」。12系客車で機関車の次に荷物車スニ41を連結。
◎東北本線　船岡〜大河原　1983（昭和58）年4月21日　撮影：森嶋孝司（RGG）

残雪が残る５月の岩手山をバックに走るED75牽引の下り急行「八甲田」、「八甲田」は東北新幹線上野乗入れの1985（昭和60）年３月「60−3」改正でも大方の予想に反して残り、14系客車化された。
◎東北本線　好摩〜岩手　1987（昭和62）年５月10日　撮影：高木英二（RGG）

EF81 96（田端機関区）が牽引する上り臨時急行「十和田」（青森21:01～10:39、常磐線経由の「十和田」は1985（昭和60）年3月改正時に廃止されたが、その後も連休，帰省シーズンなどに14系客車で運転された。下り「十和田」は上野発23:30青森着11:41である（1989年時点）。◎常磐線　藤代～取手　1989（平成元）年5月　撮影：山田 亮

夏の朝陽を浴びて八戸へ向かうED75牽引の臨時急行「八甲田」
◎東北本線　北高岩～八戸
1995（平成7）年7月　撮影：山田 亮

ED75 759に牽引される臨時急行「八甲田」、「八甲田」は1993（平成5）年12月改正時に廃止されたが、その後もGW、夏、年末年始に臨時運転され、1998（平成10）年夏まで運転された。機関車次位のB寝台車オハネ14はMOTOトレインとしてオートバイライダーのために連結され、オートバイ輸送の荷物車マニ50を後部に2両連結。「八甲田」の14系客車は臨時快速「海峡」として函館まで運転。
◎東北本線　北高岩～八戸
1995（平成7）年7月
撮影：山田 亮

勾配を下るDF50形500番台が牽引する急行「第1
ばんだい」喜多方行（上野〜郡山間、急行鳥海秋田
行に併結）。ここは磐梯山麓でSカーブが続き、磐
梯山が左右かわるがわるに現われる。
◎磐越西線　更科信号場〜磐梯町
1965（昭和40）年8月　撮影：荒川好夫（RGG）

陣場を通過し矢立峠へ向かうDD51 535（山形
機関区）を先頭にした下り急行「津軽1号」軽
量客車ナハ10系中心の編成でD51の後補機が
付く。
◎奥羽本線　陣馬〜津軽湯の沢
1969（昭和44）年12月
撮影：山田 亮

DF50 564（郡山機関区）が牽引する急行「第2ばんだい」会津若松行（上野〜郡間、急行第1ざおう山形行に併結）。当時、郡山にはDF50形500番台が3両配置され、磐越西線の急行、準急を牽引した。
◎磐越西線　更科信号場〜磐梯町
1965（昭和40）年8月
撮影：荒川好夫（RGG）

DF50 540（秋田機関区）が牽引する上り急行「鳥海」（福島〜上野間、急行青葉に併結）、5両目に2等食堂合造車（スハシ38、オハシ30など）を連結。特急「つばさ」登場前は上野〜秋田間を約11時間で結ぶ唯一の昼行急行だった。
◎奥羽本線　上ノ山
1960（昭和35）年10月29日
撮影：伊藤威信（RGG）

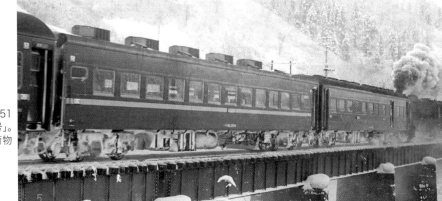

本務機はDD51だが、後部にD51の補機が付いた急行「津軽1号」。客車はグリーン車スロ62と荷物と普通車の合造車スハニ37。
◎奥羽本線　陣場
1969（昭和44）年12月
撮影：山田 亮

白煙をたなびかせ平機関区のC62に牽引される上り急行「みちのく」。1等車の次には食堂車オシ17が連結される。この付近
は常磐線が海沿いに走る区間で、小学唱歌「汽車」の歌詞「今は山中、今は浜」の舞台になった場所といわれている。
◎常磐線　久ノ浜～四ツ倉　1964（昭和39）年5月　撮影：小川峯生

盛岡を発車するC60 3（盛岡機関区）が牽引する上り不定期急行「ひめかみ」、9両編成で2両目は1等車オロ61、編成に狭窓のスハ32が入っている。盛岡までの電化は翌1965（昭和40）年10月で東北北部に電車特急、急行が運転され地域の人々に感銘をあたえた。右に北上川が流れている。
◎東北本線　盛岡
1964（昭和39）年4月3日
撮影：荒川好夫（RGG）

ED75 700番台が牽引する下り急行津軽2号。秋田で寝台車2両と普通座席車1両が切り離され、秋田〜青森間は最後部がグリーン車スロフ62である。背後は八郎潟干拓地で広大な農地が広がっている。
◎奥羽本線　八郎潟〜鯉川
1975（昭和50）年9月20日
撮影：荒川好夫（RGG）

ED75 775（秋田機関区）が牽引する下り臨時急行「津軽51号」（上野20:08〜弘前10:08）、旧型客車（スハ43系）8両編成。矢立峠越えの大館〜長峰間は複線化されている。◎奥羽本線　碇ヶ関〜長峰　1976（昭和51）年5月4日　撮影：太田正行

ED75 700番台が牽引する下り急行「津軽」、「津軽」は1982（昭和57）年11月から20系客車（寝台車と座席車ナハ21）になったが、混雑に対応できず1983年7月から14系座席車の編成になった。ここは上下線が離れた場所で、トンネルから出る下り列車を撮影できる「お立ち台」から撮影。◎奥羽本線　白沢〜陣場　1983（昭和58）年12月4日　撮影：荒川好夫（RGG）

ED75 745（秋田機関区）が牽引する旧型客車時代の下り急行「津軽1号」、最後部から荷物車マニ36、スロ62、オロネ10、スハネ16の順。津軽は1978（昭和53）年10月から普通車が12系となった。
◎奥羽本線　碇ヶ関〜長峰
1976（昭和51）年5月4日
撮影：太田正行

旧型客車時代の下り急行「津軽1号」、最後部から荷物車マニ36、スロ62、オロネ10、スハネ16の順。
◎奥羽本線　碇ヶ関〜長峰
1976（昭和51）年5月4日
撮影：太田正行

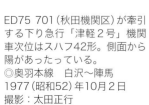

ED75 701（秋田機関区）が牽引する下り急行「津軽2号」機関車次位はスハフ42形。側面から陽があったっている。
◎奥羽本線　白沢〜陣馬
1977（昭和52）年10月2日
撮影：太田正行

ED75 757（秋田機関区）が牽引する14系座席車と寝台車編成の急行「津軽」
◎奥羽本線　蕪牛子〜川部　1984（昭和59）年9月

急行「津軽」は1983（昭和58）年7月から14系座席車の編成になったが、1984年2月から14系座席車と寝台車の編成になった。
最後部スハネフ14には急行のバックサインが入っている。◎蕪牛子〜川部　1984（昭和59）年9月

青森、秋田県境、矢立峠の旧線を行くDD51が牽引する上り急行「津軽1号」、後部にD51の補機を連結。機関車次位はグリーン車スロフ62である。この区間は1971（昭和46）年10月の秋田〜青森間電化時に新線に切り替えられた。
◎奥羽本線　津軽湯の沢〜陣場　1970（昭和45）年頃　小泉 喬（RGG）

夜の新庄で発車を待つDD51牽引の上り急行「津軽１号」、車内灯に照らされた座席車オハフ45の車内が夜行列車の旅情を感じさせる。◎奥羽本線　新庄　1975（昭和50）年９月20日　撮影：荒川好夫（RGG）

奥羽本線赤岩～庭坂間のカーブを下る上り急行「津軽２号」
◎奥羽本線　赤岩～庭坂　1974（昭和49）年８月　撮影：山田 亮

急行「津軽2号」スハ43の車内。早朝
で多くの乗客は寝ている。室内灯は丸
型蛍光灯（サークライン）になっている。
◎1974（昭和49）年8月
撮影：山田 亮

上野駅の高架6番線で発車を待つ
EF57 11（宇都宮運転所）牽引の下
り臨時急行「津軽51号」弘前行。
EF57は戦前製造の旧形電気機関車
で、パンタグラフが前に突き出した
勇壮なスタイルでファンに人気が
あった。
◎上野　1973（昭和48）年7月
撮影：山田 亮

12 北海道内

C55 17（旭川機関区）が牽引する下り急行「利尻」。1971（昭和46）年までC55が牽引し、その後DD51牽引となった。
◎宗谷本線　抜海〜南稚内
1968（昭和43）年7月7日
撮影：荒川好夫（RGG）

函館〜札幌間の不定期急行「石狩」（室蘭、千歳線経由）、牽引機はC55 36で1等車スロ52の次に2等食堂合造車スハシ38を連結。不定期急行「石狩」は1968（昭和43）年夏まで運転された。牽引機はC55 36は当時名古屋機関区所属だが、臨時列車運転のため札幌鉄道管理局（苗穂機関区か小樽築港機関区）に貸渡しされたと思われる。
◎函館本線　札幌
1965（昭和40）年9月
撮影：牛島 完（RGG）

1968年夏、函館〜札幌間のディーゼル急行「アカシヤ」は五稜郭機関区に配置されたDD51の乗務員訓練のため客車に変更されDD51が重連で牽引した。機関車の次のスハフ44には修学旅行の中学生が乗っている。DD51は1968（昭和43）年10月改正で登場した隅田川〜新札幌（現・札幌貨物ターミナル）間高速貨物列車を牽引した。
◎函館本線　長万部　1968（昭和43）年6月29日　撮影：荒川好夫（RGG）

夏の夕方、羊蹄山をバックに走るC62 3（小樽築港機関区）先頭のC62重連牽引下り急行「ていね」札幌行。1968年10月改正から「ニセコ3号」と改称され、折からのSLブームで全国からSL撮影のファンが沿線に集まった。
◎函館本線　倶知安〜小沢　1968（昭和43）年6月30日　撮影：荒川好夫（RGG）

DD51重連牽引の上り急行「ニセコ」、最後の昼行客車急行（定期）だった「ニセコ」は1981（昭和56）年2月から14系客車化された。ディーゼル化されなかった理由は荷物車、郵便車を連結するため。画面後方は小沢駅でこの場所（跨線橋）はC62重連時代は「小沢発車」として撮影名所だった。◎函館本線　小沢～倶知安　1982（昭和57）年7月31日　撮影：荒川好夫（RGG）

DD51 618（小樽築港機関区）とDD51 1014（五稜郭機関区）が重連で牽引する下り急行「ニセコ2号」、1971（昭和46）年9月にC62重連からDD51重連になった。重連区間は長万部〜小樽間。
◎函館本線　倶知安
1977（昭和52）年8月
撮影：山田 亮

DD51 30（旭川機関区）牽引で美幌に到着する下り急行「大雪5号」網走行。北見〜網走間は普通列車で「大雪くずれ」と呼ばれた。編成中にオロハネ10を連結。
◎石北本線　美幌
1978（昭和53）年8月
撮影：山田 亮

夜行急行「大雪」に連結されていたA寝台とB寝台の合造車オロハネ10 503（札幌運転区）。オロハネ10は夜行急行「大雪5号」と「利尻」に連結された。
◎函館本線　札幌
1977（昭和52）年8月
撮影：山田 亮

DD51 721（小樽築港機関区）に牽引され早朝の幌延に着いた下り急行「利尻」、4:50着で10分停車し5:00発。道北の夜明けは早く十分明るい。画面右側は幌延発6:20の羽幌線、留萌本線経由札幌行ディーゼル急行「はぼろ」。羽幌線は1987（昭和62）年3月30日廃止。
◎宗谷本線　幌延
1978（昭和53）年8月
撮影：山田 亮

急行「利尻」に連結のスロ54 503（札幌運転区）。1952（昭和27）年に登場した特急用「特別2等車」スロ54は北海道向けに耐寒耐雪化改造されスロ54形500番台になり、北海道内夜行急行に使用された。
◎宗谷本線　幌延
1978（昭和53）年8月
撮影：山田 亮

道北は夏でも早朝は寒い。早朝の幌延に到着した「利尻」のB寝台車オハネ12 502（札幌運転区）、夏でも夜行列車には機関車（DD51）から暖房用蒸気が送られ蒸気が漏れている。
◎宗谷本線　幌延
1978（昭和53）年8月
撮影：山田 亮

日本最北の駅、稚内に到着の
DD51 721（小樽築港機関区）牽
引、旧型客車時代の急行「利尻」、
当時は貨物列車があったため貨
物側線があり構内は広い。
◎宗谷本線　稚内
1978（昭和53）年8月
撮影：山田 亮

夜の釧路駅で発車を待つDD51
579（釧路機関区）牽引の上り寝
台急行「狩勝3号」。寝台列車
だがグリーン車、普通座席車、
荷物車、郵便車を連結していた。
普通座席車2両は普通列車に連
結され根室発着。荷物車、郵便
車は青函航送され荷物列車で隅
田川まで運行される。
◎根室本線　釧路
1978（昭和53）年8月
撮影：山田 亮

上り寝台急行「狩勝3号」に連
結のB寝台車オハネ12 40。修
学旅行の高校生が乗車してい
る。その前方にはオロネ10、ス
ロ54、スハ45、スハフ44と続
く。当時、札幌～道東間は長距
離バスがなく、飛行機は千歳～
釧路間に5往復就航していたが
釧路空港は霧のため欠航するこ
とが少なくなく、国鉄利用が中
心だった。
◎根室本線　釧路
1978（昭和53）年8月
撮影：山田 亮

釧路に到着したDD51 711（追分機関区）牽引の急行「まりも3号」、1982（昭和57）年11月から座席車が14系化され、1983年6月下旬から寝台車も14系化された。1981年10年の石勝線開通で石勝線経由の急行は「まりも」と改称された。◎根室本線　釧路　1983（昭和58）年8月　撮影：山田 亮

DD51 703（小樽築港機関区）が牽引する上り夜行急行「すずらん4号」。札幌～函館間（室蘭本線・千歳線経由）の夜行でAB寝台車、グリーン車を連結していたが、1980（昭和55）年10月の減量ダイヤ改正で廃止され、この区間は夜行普通列車だけになった。
◎函館本線　大沼～仁山
1977（昭和52）年8月
撮影：山田 亮

北海道には1970年代後半まで戦前製造の狭い窓のスハ32、スハフ32が多数残っていた。スハ32を連ねた列車は戦前の急行列車を思わせる。北海道用の車両は二重窓である。
◎函館本線　苗穂～白石
1977（昭和52）年8月
撮影：山田 亮

ED76 522（岩見沢第二機関区）
が牽引する上り急行「ニセコ」。
1980（昭和55）年10月の減量
ダイヤ改正は北海道に特に厳し
く、青函連絡夜行便に接続する
函館〜札幌間ディーゼル急行
「ニセコ」（下り1号、上り2号）
が廃止され、「ニセコ」は客車
1往復だけになった。
◎函館本線　札幌
1981（昭和56）年12月
撮影：山田 亮

DD51 747（五稜郭機関区）牽引で大沼公園を発車する14系
客車の下り急行「ニセコ」。「ニセコ」の大沼〜森間は下りが
大沼公園に停車し、上りは渡島砂原経由の迂回線を通るため
大沼に停車した。大沼公園はホーム片側1面だが、右側に待
避線がある。◎函館本線　大沼公園　1983（昭和58）年9月
撮影：山田 亮

DD51 1077（小樽築港機関区）牽引で早朝の稚内に到着した
急行「利尻」客車は14系座席車と寝台車の編成になっている。
夜行「利尻」は利礼航路に接続し利尻島、礼文島への観光客
が利用した。
◎宗谷本線　稚内　1983（昭和58）年9月　撮影：山田 亮

客車急行「ニセコ」は1981（昭
和56）年2月から本州から転属
の14系客車となった。転属にあ
たり耐寒耐雪化改造が行われド
アが折り戸から引き戸に改造さ
れた。
◎函館本線　札幌
1981（昭和56）年12月
撮影：山田 亮

1985（昭和60）年3月改正で客車化された上り急行「宗谷」。絵入りバックサインが入っている。
◎函館本線　豊幌〜江別
1985（昭和60）年7月3日
撮影：荒川好夫（RGG）

DD51 1067（岩見沢第二機関区）が牽引する下り急行「天北」（てんぽく）、天北は音威子府から天北線を経由して稚内へ向かった。名寄〜稚内間はDE10が牽引した。
◎函館本線　野幌〜江別
1985（昭和60）年7月3日
撮影：荒川好夫（RGG）

1985（昭和60）年3月、北辺の地に突如登場した客車急行「天北」。「宗谷」「利尻」と同時に客車化され共通運用のため14系寝台車と座席車の編成。寝台車は昼行では座席車として使用された。
◎函館本線　野幌〜江別
1985（昭和60）年7月3日
撮影：荒川好夫（RGG）

道東の工場をバックに走る夜行急行「ま
りも3号」、1981（昭和56）年10月の石
勝線開通時から石勝線経由の急行は「ま
りも」と改称された。1983（昭和58）
年夏までに北海道内の夜行急行は14系
座席と14系寝台の併結になった。後部
に青函航送された荷物車、郵便車を連
結。
◎根室本線　大楽毛〜新富士
1983（昭和58）年9月27日
撮影：荒川好夫（RGG）

北海道北端の丘陵地帯を稚内に近づく
DD51牽引の下り急行「利尻」。客車は
1983（昭和58）年夏から14系寝台車と
14系座席の併結になった。
◎宗谷本線　抜海〜南稚内
1983（昭和58）年7月24日
撮影：荒川好夫（RGG）

【著者プロフィール】

山田 亮（やまだ あきら）

1953年生、慶應義塾大学法学部卒、慶應義塾大学鉄道研究会OB、鉄研三田会会員、元地方公務員、鉄道研究家で特に鉄道と社会の関わりに関心を持つ。

1981年「日中鉄道友好訪中団」（竹島紀元団長）に参加し、北京および中国東北地区（旧満州）を訪問。

1982年、フランス、スイス、西ドイツ（当時）を「ユーレイルパス」で鉄道旅行。車窓から見た東西ドイツの国境に強い衝撃をうける。

2001年、三岐鉄道（三重県）70周年記念コンクール「ルポ（訪問記）部門」で最優秀賞を受賞。

現在、日本国内および海外の鉄道乗り歩きを行う一方で、「鉄道ピクトリアル」などの鉄道情報誌に鉄道史や列車運転史の研究成果を発表している。

（主な著書）

「上野発の夜行列車・名列車、駅と列車のものがたり」（2015、JTBパブリッシング）

「1960〜70年代 空から見た九州の街と鉄道駅」（2018、アルファベーターブックス）

「中央西線 1960年代〜90年代の思い出アルバム」（2019、アルファベーターブックス）

「横浜線」「内房線」「外房線」「総武本線、成田線、鹿島線」街と鉄道の歴史探訪
（2019〜2020、フォトパブリッシング）

「京浜急行電鉄沿線アルバム」「東急電鉄沿線アルバム」（2020、アルファベーターブックス）

「昭和・平成を駆け抜けた 長距離鈍行列車」（2020、フォト・パブリッシング）

主な参考文献

時刻表復刻版「戦前戦中編」「終戦直後編」「戦後編1」「戦後編5」（日本交通公社出版事業局）

大久保邦彦、寺本光照「名列車列伝」（1987、日本交通公社出版事業局）

長谷川末夫「汽車が好き、山は友だち」（1992、草思社）

石井幸孝「戦中・戦後の鉄道」（2011、JTBパブリシング）

須田寛「昭和の鉄道」（2011、交通新聞社新書）

月刊鉄道ピクトリアル、月刊鉄道ファン、月刊鉄道ジャーナル

【写真提供】

太田正行、小川峯生、隅田 衷、寺澤秀樹、林 嶢、村樫四郎、矢崎康雄、山田 亮
（RGG）荒川好夫、伊藤威信、牛島 完、小野純一、河野 豊、小泉 喬、高木英二、森嶋孝司
朝日新聞社

【絵葉書提供】
生田誠

竹島紀元氏（右）と筆者（左）
◎鹿児島本線　博多　1977（昭和52）年7月

昭和・平成を駆け抜けた
想い出の客車急行

2021年4月28日　第1刷発行

著　者……………………山田 亮
発行人……………………高山和彦
発行所……………………株式会社フォト・パブリッシング
　　　　　　　　　　〒161-0032　東京都新宿区中落合2-12-26
　　　　　　　　　　TEL.03-5988-8951　FAX.03-5988-8958
発売元……………………株式会社メディアパル（共同出版者・流通責任者）
　　　　　　　　　　〒162-8710　東京都新宿区東五軒町6-24
　　　　　　　　　　TEL.03-5261-1171　FAX.03-3235-4645
デザイン・DTP………柏倉栄治（装丁・本文とも）
印刷所……………………株式会社シナノパブリッシングプレス

ISBN978-4-8021-3244-2 C0026